チャート式®
シリーズ

中学

英語

3年

準拠ドリル

数研出版
https://www.chart.co.jp

本書の特長と構成

本書は「チャート式シリーズ 中学英語 3 年」の準拠問題集です。
本書のみでも学習可能ですが，参考書とあわせて使用することで，さらに力がのばせます。

┃ 特長

1. チェック→トライ→チャレンジの 3 ステップで，段階的に学習できます。

2. 巻末のテストで，学年の総まとめと入試対策の基礎固めができます。

3. 参考書の対応ページを掲載。わからないときやもっと詳しく知りたいときにすぐに参照できます。

┃ 構成

1 項目あたり見開き 2 ページです。

> **チェック**
> 基本問題です。ここで単元の要点を確認しましょう。

> チャート式シリーズ参考書の項目番号です。

> **ポイント**
> 色のついた部分は特に大事なので，おさえておきましょう。

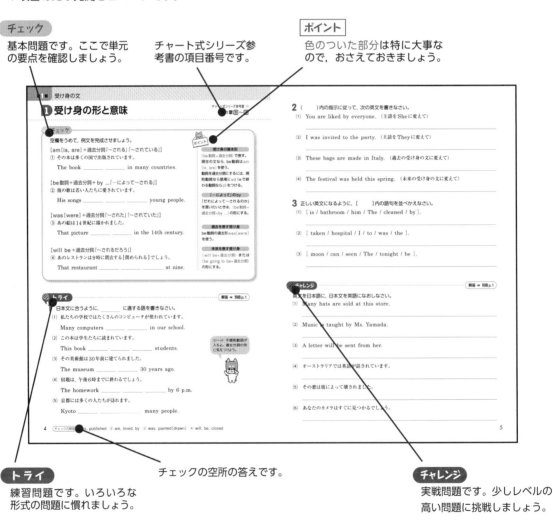

> **トライ**
> 練習問題です。いろいろな形式の問題に慣れましょう。

> チェックの空所の答えです。

> **チャレンジ**
> 実戦問題です。少しレベルの高い問題に挑戦しましょう。

確認問題	数項目ごとに学習内容が定着しているか確認する問題です。

入試対策テスト	学年の総まとめと入試対策の基礎固めを行うテストです。

もくじ

一緒にがんばろう！

数研出版公式キャラクター
数犬 チャ太郎

3

1 受け身の形と意味

チェック

空欄をうめて，例文を完成させましょう。

ポイント

【am［is, are］＋過去分詞「～される」「～されている」】
① その本は多くの国で出版されています。

The book ＿＿＿＿＿ ＿＿＿＿＿ in many countries.

【be動詞＋過去分詞＋by ...「…によって～される」】
② 彼の歌は若い人たちに愛されています。

His songs ＿＿＿＿＿ ＿＿＿＿＿ ＿＿＿＿＿ young people.

【was［were］＋過去分詞「～された」「～されていた」】
③ あの絵は14世紀に描かれました。

That picture ＿＿＿＿＿ ＿＿＿＿＿ in the 14th century.

【will be ＋過去分詞「～されるだろう」】
④ あのレストランは9時に閉店する［閉められる］でしょう。

That restaurant ＿＿＿＿＿ ＿＿＿＿＿ ＿＿＿＿＿ at nine.

受け身の基本形
〈be動詞＋過去分詞〉で表す。現在の文なら，be動詞はam［is, are］を使う。動詞を過去分詞にするには，規則動詞なら語尾にed（eで終わる動詞ならd）をつける。

「…によって」のby
「だれによって～されるのか」を言いたいときは，〈be動詞＋過去分詞＋by ...〉の形にする。

過去を表す受け身
be動詞の過去形was［were］を使う。

未来を表す受け身
〈will be＋過去分詞〉または〈be going to be＋過去分詞〉の形にする。

トライ

解答 ➡ 別冊p.1

1 日本文に合うように，＿＿＿＿＿ に適する語を書きなさい。

(1) 私たちの学校ではたくさんのコンピュータが使われています。

Many computers ＿＿＿＿＿ ＿＿＿＿＿ in our school.

(2) この本は学生たちに読まれています。

This book ＿＿＿＿＿ ＿＿＿＿＿ ＿＿＿＿＿ students.

(3) その美術館は30年前に建てられました。

The museum ＿＿＿＿＿ ＿＿＿＿＿ 30 years ago.

(4) 宿題は，午後6時までに終わるでしょう。

The homework ＿＿＿＿＿ ＿＿＿＿＿ ＿＿＿＿＿ by 6 p.m.

(5) 京都には多くの人たちが訪れます。

Kyoto ＿＿＿＿＿ ＿＿＿＿＿ ＿＿＿＿＿ many people.

(2)～(4) 不規則動詞が入るよ。過去分詞の形に気をつけよう。

チェックの解答 ① is, published　② are, loved, by　③ was, painted［drawn］　④ will, be, closed

2 （　　　）内の指示に従って，次の英文を書きなさい。

(1) You are liked by everyone. （主語をSheに変えて）

_____

(2) I was invited to the party. （主語をTheyに変えて）

_____

(3) These bags are made in Italy. （過去の受け身の文に変えて）

_____

(4) The festival was held this spring. （未来の受け身の文に変えて）

_____

3 正しい英文になるように，[　　　]内の語句を並べかえなさい。

(1) [is / bathroom / him / The / cleaned / by].

_____

(2) [taken / hospital / I / to / was / the].

_____

(3) [moon / can / seen / The / tonight / be].

_____

✒ チャレンジ ……………………………………………………………………… 解答 ➡ 別冊p.1

英文を日本語に，日本文を英語になおしなさい。

(1) Many hats are sold at this store.

_____

(2) Music is taught by Ms. Yamada.

_____

(3) A letter will be sent from her.

_____

(4) オーストラリアでは英語が話されています。

_____

(5) その窓は彼によって壊されました。

_____

(6) あなたのカメラはすぐに見つかるでしょう。

_____

5

2 受け身の疑問文・否定文

チャート式シリーズ参考書 >>
第1章 5 ～ 7

✏️ チェック

空欄をうめて，例文を完成させましょう。

【be動詞＋主語＋過去分詞 ～?「～されますか」「～されていますか」】

① あなたの国ではスペイン語が話されていますか。
　　—— はい，話されています。/ いいえ，話されていません。

　　_____ Spanish _____ in your country?

　　—— Yes, it _____ . / No, it _____ .

【When / Whereなど＋be動詞＋主語＋過去分詞 ～?】

② この写真はいつ撮られましたか。
　　—— 10年前に撮られました。

　　_____ _____ this photo _____?

　　—— It _____ _____ ten years ago.

【be動詞＋not＋過去分詞「～されない」「～されていない」】

③ あの店では卵は売られていません。

　　Eggs _____ _____ at that store.

> **ポイント**
>
> **受け身の疑問文**
> be動詞 (am, is, are / was, were) を主語の前に出し，〈be動詞＋主語＋過去分詞 ～?〉の形にする。
> 未来を表す受け身の疑問文は，〈Will＋主語＋be＋過去分詞 ～?〉の形にする。
>
> **疑問詞を使う受け身の疑問文**
> when, whereなどの疑問詞を使うときは，疑問詞を文の最初に置く。
>
> **受け身の否定文**
> be動詞のあとにnotを置き，〈be動詞＋not＋過去分詞〉となる。
> 未来を表す受け身の否定文は，〈will not[won't] be＋過去分詞〉の形にする。

✏️ トライ

解答 ➡ 別冊p.1

1 日本文に合うように，_____ に適する語を書きなさい。

(1) この映画はたくさんの人々に愛されていますか。　—— はい，愛されています。

　　_____ this movie _____ by many people?

　　—— Yes, _____ _____ .

(2)(4) 答えは，短縮形が入るよ。

(2) これらの絵はピカソが描いたのではありません。

　　These pictures _____ _____ by Picasso.

(3) そのコンピュータはどこで作られましたか。　—— それは中国で作られました。

　　_____ _____ the computer _____?　—— It was made in China.

(4) このスマートフォンは，もう使われないでしょう。

　　This smartphone _____ _____ _____ anymore.

チェックの解答　① Is, spoken, is, isn't　② When, was, taken, was, taken　③ aren't, sold

2 ( )内の指示に従って，次の英文を書きなさい。

(1) The telephone was invented by Bell. （疑問文に） *invent：発明する

_____

(2) This temple was built <u>in 1900</u>. （下線部をたずねる疑問文に）

_____

(3) Your cat was found by her. （否定文に）

_____

(4) The book can be borrowed. （否定文に）

_____

3 正しい英文になるように，[ ]内の語句を並べかえなさい。

(1) [soccer / in / Is / countries / many / played]?

_____

(2) [was / him / carried / box / by / Which]?

_____

(3) [the / be / This / broken / future / won't / in / record]. *record：記録

_____

💬 **チャレンジ** ·· （解答 ➡ 別冊p.1）

英文を日本語に，日本文を英語になおしなさい。

(1) Was the contest held last week?

_____

(2) How often is this room cleaned?

_____

(3) She wasn't invited to the party.

_____

(4) これらの歌は子どもたちに歌われていますか。

_____

(5) あなたはどこで生まれましたか。 —— 東京で生まれました。

_____

(6) この本は英語で書かれていません。

_____

3 注意すべき受け身

チェック

空欄をうめて, 例文を完成させましょう。

【目的語が2つある文(SVOO)の受け身】

① 私は両親からチャンスを与えられました。

I ＿＿＿＿ ＿＿＿＿ a chance by my parents.

A chance ＿＿＿＿ ＿＿＿＿ (to) me by my parents.

【「〜を…と呼ぶ」などの文(SVOC)の受け身】

② 彼はファンからプリンスと呼ばれています。

He ＿＿＿＿ ＿＿＿＿ Prince by his fans.

【by以外の前置詞があとに続く受け身】

③ 私は日本の文化に興味があります。

I ＿＿＿＿ ＿＿＿＿ ＿＿＿＿ Japanese culture.

ポイント

SVOOの文の受け身
目的語が2つある文では, それぞれの目的語を主語にした2通りの受け身の文を作ることができる。

SVOCの文の受け身
目的語を主語にした受け身の文を作ることができる。
C(補語)は〈be動詞+過去分詞〉のあとに置く。

by以外の前置詞が続く場合
日本語では受け身の意味にならないことも多い。

トライ

解答 ➡ 別冊p.1

1 日本文に合うように, ＿＿＿＿ に適する語を書きなさい。

(1) 私たちはタナカ先生に数学を教えてもらっています。

We ＿＿＿＿ ＿＿＿＿ math by Mr. Tanaka.

(2) タナカ先生によって私たちに数学が教えられています。

Math ＿＿＿＿ ＿＿＿＿ (to) us by Mr. Tanaka.

(3) その犬は彼にマックスと名づけられました。

The dog ＿＿＿＿ ＿＿＿＿ Max by him.

(4) その犬は彼に何と名づけられましたか。

＿＿＿＿ ＿＿＿＿ the dog ＿＿＿＿ by him?

(4) 疑問詞を使うときの受け身の文の語順を思い出そう。

(5) 富士山は世界中の人々に知られています。

Mt. Fuji ＿＿＿＿ ＿＿＿＿ ＿＿＿＿ people all over the world.

(6) 豆腐は大豆から作られています。

Tofu ＿＿＿＿ ＿＿＿＿ ＿＿＿＿ soy beans.

2 （　　　）内の指示に従って，次の英文を書きなさい。

(1) He showed me many pictures. （主語をIに変えて受け身の文に）

_____

(2) He showed me many pictures. （主語をMany picturesに変えて受け身の文に）

_____

(3) Everyone calls her Kate. （主語をSheに変えて受け身の文に）

_____

(4) Wine is made of grapes. （下線部を正しい前置詞に）

_____

3 正しい英文になるように，[　　　]内の語句を並べかえなさい。

(1) [I / mother / by / sent / was / letter / my / a].

_____

(2) [the / were / me / truth / by / When / told / you]?   *truth：真実

_____

(3) [pleased / am / work / I / with / your / not].

_____

💠 チャレンジ ・・ （解答 ➡ 別冊p.2）

英文を日本語に，日本文を英語になおしなさい。

(1) I'm excited about my future.

_____

(2) These blossoms are called *sakura* in Japanese.

_____

(3) The glass is filled with milk.

_____

(1) 彼女は彼からこの本をもらったのではありません。

_____

(5) あなたは友達にケン（Ken）と呼ばれていますか。

_____

(6) その山は雪でおおわれています。

_____

❶ 正しい英文になるように，[　　　]の中から適切なものを選びなさい。

(1) These books [does / are / is] written in English.

(2) The concert was [held / hold / holded] in August.

(3) This video [wasn't / didn't / weren't] taken by him.

(4) [Is / Was / Will be] this room cleaned yesterday?

❷ 次の日本文の意味に合うように，＿＿＿＿＿＿ に適する語を入れなさい。

(1) この小説は森鷗外によって書かれました。

This novel ＿＿＿＿＿＿ ＿＿＿＿＿＿ ＿＿＿＿＿＿ Mori Ogai.

(2) その門はすぐに開かれるでしょう。

The gate ＿＿＿＿＿＿ ＿＿＿＿＿＿ ＿＿＿＿＿＿ soon.

(3) 彼女の猫はいつ見つかったのですか。

＿＿＿＿＿＿ ＿＿＿＿＿＿ her cat ＿＿＿＿＿＿?

(4) そのイルカはオリバーと名づけられました。

The dolphin ＿＿＿＿＿＿ ＿＿＿＿＿＿ Oliver.

(5) この椅子は木でできています。

This chair ＿＿＿＿＿＿ ＿＿＿＿＿＿ ＿＿＿＿＿＿ wood.

❸ (　　　)内の指示に従って，次の英文を書きなさい。

(1) They love this comic book. （受け身の文に）

＿＿＿＿＿＿＿＿＿＿＿＿＿＿＿＿＿＿＿＿＿＿＿＿＿＿＿＿＿＿＿＿＿

(2) Does Ms. White teach English? （受け身の疑問文に）

＿＿＿＿＿＿＿＿＿＿＿＿＿＿＿＿＿＿＿＿＿＿＿＿＿＿＿＿＿＿＿＿＿

(3) He threw me a ball. （主語をIに変えて受け身の文に）

＿＿＿＿＿＿＿＿＿＿＿＿＿＿＿＿＿＿＿＿＿＿＿＿＿＿＿＿＿＿＿＿＿

(4) Bread is called _pan_ in Japanese. （下線部を問う疑問文に）

＿＿＿＿＿＿＿＿＿＿＿＿＿＿＿＿＿＿＿＿＿＿＿＿＿＿＿＿＿＿＿＿＿

(5) He is excited about the new year. （疑問文に）

＿＿＿＿＿＿＿＿＿＿＿＿＿＿＿＿＿＿＿＿＿＿＿＿＿＿＿＿＿＿＿＿＿

4 次の英文を日本語になおしなさい。

(1) These cakes weren't baked by my mother.

_____

(2) Many stars can be seen at night.

_____

(3) Are pencils sold at this store?

_____

(4) When was this church built?

_____

(5) The park was filled with many people.

_____

5 正しい英文になるように，[　　　]内の語句を並べかえなさい。ただし，使わない語がひとつあります。

(1) [killed / Many / war / were / the / did / in / people].

_____

(2) [going / hotel / closed / is / The / be / month / to / was / next].

_____

(3) [this / young / listened / Is / Does / by / song / people / to]?

_____

(4) [many / was / How / lost / money / then / much]?

_____

(5) [is / clouds / by / with / covered / sky / The].

_____

6 次の日本文を英語になおしなさい。

(1) 私は彼女に助けられました。

_____

(2) ブラジルでは何語が話されていますか。 —— ポルトガル語です。　*ポルトガル語·Portuguese

_____

(3) あなたは日本の城に興味がありますか。 —— いいえ，ありません。

_____

(4) あなたはその事実に驚くでしょう。

_____

4 「完了」を表す現在完了

チャート式シリーズ参考書 >>
第2章 11 ～ 14

チェック

空欄をうめて，例文を完成させましょう。

【have just+過去分詞「ちょうど～したところだ」】

① 私はちょうど朝ご飯を食べたところです。

I ＿＿＿＿ ＿＿＿＿ ＿＿＿＿ breakfast.

【have already+過去分詞「すでに～してしまった」】

② 私はすでに部屋を掃除してしまいました。

＿＿＿＿ ＿＿＿＿ ＿＿＿＿ my room.

【Have+主語+過去分詞 ～ yet？「もう～してしまいましたか」】

③ タクシーはもう到着しましたか。

―― はい，到着しました。/ いいえ，到着していません。

＿＿＿＿ the taxi ＿＿＿＿ ＿＿＿＿？

―― Yes, it ＿＿＿＿. / No, it ＿＿＿＿.

【have not+過去分詞 ～ yet「まだ～していない」】

④ 私はまだ彼のプレゼントを開けていません。

I ＿＿＿＿ ＿＿＿＿ his present ＿＿＿＿.

> **ポイント**
>
> **現在完了形の基本形**
> 〈have［has］+過去分詞〉で表す現在完了形には，「完了」「経験」「継続」の3つの用法がある。I haveの短縮形はI'veとなる。
>
> **「完了」を表す用法**
> 〈have［has］just+過去分詞〉は，動作がちょうど終わったこと，〈have［has］already+過去分詞〉は動作がすでに終わったことを表す。
>
> **現在完了形の疑問文**
> have［has］を主語の前に出す。「すでに」「もう」の意味は，疑問文ではyetで表す。
>
> **現在完了形の否定文**
> have［has］の後にnotを置く。「まだ～していない」と言うときは，文末にyetを置く。have not / has notの短縮形はhaven't / hasn'tとなる。

トライ

解答 ➡ 別冊p.2

1 日本文に合うように，＿＿＿＿ に適する語を書きなさい。

(1) 私はちょうど友達に電話したところです。

I ＿＿＿＿ ＿＿＿＿ ＿＿＿＿ my friend.

(2) バスはもう出発してしまいました。

The bus ＿＿＿＿ ＿＿＿＿ ＿＿＿＿.

(3) あなたはもうEメールを送りましたか。 ―― はい，送りました。

＿＿＿＿ you ＿＿＿＿ an e-mail ＿＿＿＿？ ―― Yes, I ＿＿＿＿.

(4) 雨はまだ止んでいません。

It ＿＿＿＿ ＿＿＿＿ raining ＿＿＿＿.

> (3)(4) 文末に同じ副詞が入るよ。

チェックの解答 ① have, just, eaten[had] ② I've, already, cleaned ③ Has, arrived, yet, has, hasn't
④ haven't, opened, yet

2 （　　）内の指示に従って，次の英文を書きなさい。

(1) The game started. （「ちょうど～したところです」という文に）

＿＿＿＿＿＿＿＿＿＿＿＿＿＿＿＿＿＿＿＿＿＿＿＿＿＿＿＿＿＿＿＿＿

(2) She went to bed. （「すでに～してしまいました」という文に）

＿＿＿＿＿＿＿＿＿＿＿＿＿＿＿＿＿＿＿＿＿＿＿＿＿＿＿＿＿＿＿＿＿

(3) Did you prepare dinner? （「もう～してしまいましたか」という文に）

＿＿＿＿＿＿＿＿＿＿＿＿＿＿＿＿＿＿＿＿＿＿＿＿＿＿＿＿＿＿＿＿＿

(4) I didn't wash the dishes. （「まだ～していません」という文に）

＿＿＿＿＿＿＿＿＿＿＿＿＿＿＿＿＿＿＿＿＿＿＿＿＿＿＿＿＿＿＿＿＿

3 正しい英文になるように，[　　　]内の語句を並べかえなさい。

(1) [just / taxi / have / taken / I / a].

＿＿＿＿＿＿＿＿＿＿＿＿＿＿＿＿＿＿＿＿＿＿＿＿＿＿＿＿＿＿＿＿＿

(2) [left / Has / school / yet / for / she]?

＿＿＿＿＿＿＿＿＿＿＿＿＿＿＿＿＿＿＿＿＿＿＿＿＿＿＿＿＿＿＿＿＿

(3) [haven't / received / yet / money / I].

＿＿＿＿＿＿＿＿＿＿＿＿＿＿＿＿＿＿＿＿＿＿＿＿＿＿＿＿＿＿＿＿＿

💬 チャレンジ ･･･ 解答 ➡ 別冊p.2

英文を日本語に，日本文を英語になおしなさい。

(1) I have just bought flowers.

＿＿＿＿＿＿＿＿＿＿＿＿＿＿＿＿＿＿＿＿＿＿＿＿＿＿＿＿＿＿＿＿＿

(2) Have you finished your work yet?

＿＿＿＿＿＿＿＿＿＿＿＿＿＿＿＿＿＿＿＿＿＿＿＿＿＿＿＿＿＿＿＿＿

(3) The typhoon has not passed yet.　　　　　　　　　　　*typhoon：台風

＿＿＿＿＿＿＿＿＿＿＿＿＿＿＿＿＿＿＿＿＿＿＿＿＿＿＿＿＿＿＿＿＿

(4) 彼らはもう家に帰ってしまいました。

＿＿＿＿＿＿＿＿＿＿＿＿＿＿＿＿＿＿＿＿＿＿＿＿＿＿＿＿＿＿＿＿＿

(5) あなたはもう薬を飲みましたか。

＿＿＿＿＿＿＿＿＿＿＿＿＿＿＿＿＿＿＿＿＿＿＿＿＿＿＿＿＿＿＿＿＿

(6) 彼女はまだ私の質問に答えていません。

＿＿＿＿＿＿＿＿＿＿＿＿＿＿＿＿＿＿＿＿＿＿＿＿＿＿＿＿＿＿＿＿＿

5 「経験」を表す現在完了

チェック

空欄をうめて，例文を完成させましょう。

【have＋過去分詞「～したことがある」】
① 私はその映画を3回見たことがあります。

I ＿＿＿＿ ＿＿＿＿ the movie ＿＿＿＿ ＿＿＿＿.

【have been to ～「～へ行ったことがある」】
② 私は以前にそのレストランへ行ったことがあります。

I ＿＿＿＿ ＿＿＿＿ ＿＿＿＿ that restaurant before.

【Have＋主語＋ever＋過去分詞 ～?「今までに～したことがありますか」】
③ あなたは今までにこのゲームをしたことがありますか。
—— はい，あります。/ いいえ，ありません。

＿＿＿＿ you ＿＿＿＿ ＿＿＿＿ this game?
—— Yes, I ＿＿＿＿. / No, I ＿＿＿＿.

【How many times ～?「何度～したことがありますか」】
④ あなたはそこへ何回行ったことがありますか。—— 1回だけです。

＿＿＿＿ ＿＿＿＿ ＿＿＿＿ have you been there?
—— Only ＿＿＿＿.

【have never＋過去分詞「一度も～したことがない」】
⑤ 私は一度も彼と話したことがありません。

I ＿＿＿＿ ＿＿＿＿ ＿＿＿＿ to him.

ポイント

「経験」を表す用法
〈have [has] ＋過去分詞〉で，「（今までに）～したことがある」という意味を表す。once（1回），twice（2回），before（以前に），often（しばしば）などの回数・頻度を表す語句が用いられることが多い。

have [has] been to～
「（今までに）～へ行ったことがある」と言うときは，goneではなくbeenを使う。

「経験」の用法の疑問文
過去分詞の前にeverを置いて，〈Have[Has]＋主語＋ever＋過去分詞 ～?〉の形にする。

回数をたずねる疑問文
How many times か How often で始める。回数を答えるときは，once, twiceなどを使う。

「経験」の用法の否定文
「一度も～ない」という意味のneverを用いた〈have[has] never＋過去分詞〉の形がよく使われる。

トライ

解答 ➡ 別冊p.2

1 日本文に合うように，＿＿＿＿ に適する語を書きなさい。

(1) 私はこの本を2回読んだことがあります。

I ＿＿＿＿ ＿＿＿＿ this book ＿＿＿＿.

(2) 彼女はロンドンに行ったことがありません。

She ＿＿＿＿ ＿＿＿＿ ＿＿＿＿ ＿＿＿＿ London.

チェックの解答 ① have, seen [watched], three, times ② have, been, to ③ Have, ever, played, have, haven't ④ How, many, times, once ⑤ have, never, talked

2 ( )内の指示に従って，次の英文を書きなさい。

(1) I wore a kimono. （「～したことがあります」という文に）

_____

(2) They went to Kyoto. （「今までに～したことがありますか」とたずねる文に）

_____

(3) I have skied <u>several times</u>. （下線部を問う疑問文に）

_____

(4) Jack played the guitar. （「～したことがありません」という文に）

_____

3 正しい英文になるように，[ ]内の語句を並べかえなさい。

(1) [climbed / once / I / have / Mt. Fuji / only].

_____

(2) [English / written / in / a / you / Have / letter / ever]?

_____

(3) [never / games / He / lost / has / any].

_____

🖊 チャレンジ ・・・ 解答 ➡ 別冊 p.3

英文を日本語に，日本文を英語になおしなさい。

(1) I've heard the story many times.

_____

(2) Have you ever stayed at that hotel? —— Yes. A few times.

_____

(3) She has never broken the rule.

_____

(4) 私は以前インドに行ったことがあります。

_____

(5) あなたは何回馬に乗ったことがありますか。

_____

(6) 彼は友達の前で泣いたことがありません。

_____

6 「継続」を表す現在完了

チャート式シリーズ参考書 >>
第1章 20 ～ 23

💬 チェック

空欄をうめて，例文を完成させましょう。

【have ＋過去分詞「(ずっと)～している」】

① 私は10年間(ずっと)ここに住んでいます。

I ＿＿＿＿＿ ＿＿＿＿＿ here ＿＿＿＿＿ ten years.

【Have ＋主語＋過去分詞 ～?「(ずっと)～していますか」】

② 彼女はそのときからずっと忙しいのですか。

―― はい，忙しいです。/ いいえ，忙しくありません。

＿＿＿＿＿ she ＿＿＿＿＿ busy since then?

―― Yes, she ＿＿＿＿＿ . / No, she ＿＿＿＿＿ .

【How long ～?「どのくらい～していますか」】

③ あなたはどのくらい日本にいますか。

―― 1年間です。

＿＿＿＿＿ ＿＿＿＿＿ have you been in Japan?

―― ＿＿＿＿＿ a year.

【have not ＋過去分詞「(ずっと)～していない」】

④ 私は長い間，彼に会っていません。

I ＿＿＿＿＿ ＿＿＿＿＿ him ＿＿＿＿＿ a long time.

ポイント

「継続」を表す用法
〈have[has] ＋過去分詞〉で，「(ずっと)～している」「(ずっと)～である」という意味を表す。
継続期間を表すfor ～(～の間)や，始まった時点を表すsince ～(～以来，～からずっと)とともに使われることが多い。

「継続」の用法の疑問文
have[has]を主語の前に出す。答えるときは，have[has] / haven't[hasn't] を使う。

「継続」の期間をたずねるとき
〈How long have[has]＋主語＋過去分詞 ～?〉の形にする。答えるときは，for ～やsince ～を使う。

「継続」の用法の否定文
〈have[has] +not+ 過去分詞〉で表し，for ～やsince ～と一緒に使われることが多い。

💬 トライ

解答 ➡ 別冊p.3

1 日本文に合うように，＿＿＿＿＿ に適する語を書きなさい。

(1) 彼は私が子どものころから私を知っています。

He ＿＿＿＿＿ ＿＿＿＿＿ me ＿＿＿＿＿ I was a child.

(2) あなたは英語を勉強してどのくらいになりますか。 ―― 3年間です。

＿＿＿＿＿ ＿＿＿＿＿ ＿＿＿＿＿ you ＿＿＿＿＿ English?

―― ＿＿＿＿＿ three years.

(3) 私はそのときから祖母を訪ねていません。

I ＿＿＿＿＿ ＿＿＿＿＿ my grandmother ＿＿＿＿＿ then.

「～から」と「～の間」は，それぞれ何の前置詞が入るかな？

チェックの解答 ① have, lived, for ② Has, been, has, hasn't ③ How, long, For ④ haven't, seen[met], for

2 （　　）内の指示に従って，次の英文を書きなさい。

(1) My sister learns the piano. （「2年間習っています」という文に）

_____

(2) He has been tired since Monday. （疑問文に）

_____

(3) I have lived in Tokyo <u>for a year</u>. （下線部を問う疑問文に）

_____

(4) I called Mary. （「長い間電話していません」という文に）

_____

3 正しい英文になるように，[　　]内の語句を並べかえなさい。

(1) [had / a / have / yesterday / cold / since / I].

_____

(2) [years / you / for / worked / ten / Have]?

_____

(3) [for / It / been / sunny / a / hasn't / week].

_____

📝 **チャレンジ** ··· 解答 ➡ 別冊p.3

英文を日本語に，日本文を英語になおしなさい。

(1) She has been in the hospital for a week.

_____

(2) Have you driven a car since you were 18 years old?

_____

(3) My father hasn't used this computer since last month.

_____

(4) 彼は学生のころから野球をしています。

_____

(5) あなたたちは友達になってどのくらいになりますか。

_____

(6) 私は今朝から何も食べていません。

_____

7 現在完了進行形

チェック

空欄をうめて，例文を完成させましょう。

【have been+動詞のing形「(ずっと)〜している」】

① 昨夜から(ずっと)雨が降っています。

It ＿＿＿＿＿ ＿＿＿＿＿ ＿＿＿＿＿ since last night.

> **ポイント**
> **現在完了進行形の文**
> 〈have[has] been+動詞の ing形〉で，動作が過去から現在までずっと継続していることを表す。

トライ

解答 ➡ 別冊p.3

1 日本文に合うように，＿＿＿＿＿ に適する語を書きなさい。

> 現在完了進行形は，現在完了形と現在進行形が組み合わさった形だよ。

(1) 私は2時間本を読んでいます。

I ＿＿＿＿＿ ＿＿＿＿＿ ＿＿＿＿＿ a book for two hours.

(2) ビルは昼からずっと寝ています。

Bill ＿＿＿＿＿ ＿＿＿＿＿ ＿＿＿＿＿ since noon.

(3) 彼らは40分間公園を走っています。

They ＿＿＿＿＿ ＿＿＿＿＿ ＿＿＿＿＿ in the park for forty minutes.

(4) あなたは昨日からずっと働いているのですか。 —— いいえ，働いていません。

＿＿＿＿＿ you ＿＿＿＿＿ ＿＿＿＿＿ since yesterday?

—— No, I ＿＿＿＿＿ .

(5) 彼女は何時間も友達と電話で話をしているのですか。 —— はい，話しています。

＿＿＿＿＿ she ＿＿＿＿＿ ＿＿＿＿＿ to her friend on the phone for hours?

—— Yes, she ＿＿＿＿＿ .

(6) あなたはどのくらい彼女を待っていますか。 —— 30分間です。

＿＿＿＿＿ ＿＿＿＿＿ ＿＿＿＿＿ you ＿＿＿＿＿ ＿＿＿＿＿ for her?

—— ＿＿＿＿＿ half an hour.

(7) 私は3日間テレビゲームをし続けてはいません。

I ＿＿＿＿＿ ＿＿＿＿＿ ＿＿＿＿＿ the video game for three days.

チェックの解答 ① has, been, raining

2 ( )内の指示に従って，次の英文を書きなさい。

(1) It is snowing. （「昨日から降っています」という文に）

_____

(2) I'm watching TV. （「2時間見ています」という文に）

_____

(3) I have been looking for the key. （疑問文に）

_____

(4) She has been making dinner <u>for one and a half hours.</u> （下線部を問う疑問文に）

_____

3 正しい英文になるように，[ ]内の語句を並べかえなさい。

(1) [dancing / fifty / been / minutes / I've / for].

_____

(2) [have / you / What / been / doing]?

_____

(3) [been / He / picture / drawing / has / recently / a].　　　*recently：最近

_____

📝 チャレンジ ··· 解答 ➡ 別冊p.4

英文を日本語に，日本文を英語になおしなさい。

(1) She's been cleaning the kitchen since she got up.

_____

(2) They have been singing together for more than two hours.

_____

(3) Have you been studying for the test since this morning?

_____

(4) 私は帰宅してからずっと宿題をしています。

_____

(5) 彼は1時間海で泳いでいます。

_____

(6) あなたは今日はどのくらい音楽を聴いているのですか。

_____

1 次の日本文の意味に合うように，_____ に適する語を入れなさい。

(1) ちょうど雨がやんだところです。

　　It _____ _____ _____ raining.

(2) 私はまだ年賀状を書いていません。

　　I _____ _____ New Year's cards _____ .

(3) あなたは今までにその博物館に行ったことはありますか。

　　_____ you _____ _____ _____ the museum?

(4) 彼女は一度もコーヒーを飲んだことがありません。

　　She _____ _____ _____ coffee.

(5) あなたのお父さんはどのくらい名古屋にいますか。

　　_____ _____ _____ your father been in Nagoya?

2 (1)〜(3)の現在完了形と用法が同じものをア〜ウから選び，記号で答えなさい。

(1) I have stayed in Osaka for a month.　　(　　　　　　)

(2) He has already gone.　　(　　　　　　)

(3) We have skied in Hokkaido before.　　(　　　　　　)

> ア I haven't brushed my teeth yet.
>
> イ Have they been classmates for three years?
>
> ウ Mike has seen her a few times.

3 (　　　) 内の指示に従って，次の英文を書きなさい。

(1) The train arrived at the station.　（「ちょうど着いたところです」という意味の文に）

　　_____

(2) I have tried soba.　（「今まで食べてみたことはありますか」という意味の疑問文に）

　　_____

(3) He has been a teacher <u>for twenty years</u>.　（下線部を問う疑問文に）

　　_____

(4) Yumi has won the speech contest.　（notを使わず否定文に）

　　_____

(5) I was walking in the rain.　（「20分間ずっと歩いています」という意味の文に）

　　_____

4 次の英文を日本語になおしなさい。

(1) She has often visited the temple.

_____

(2) I have never been late for school.

_____

(3) How many times have you been on TV?

_____

(4) The wind has been blowing hard since yesterday.

_____

(5) Have you decided on a birthday present for her yet?

_____

5 正しい英文になるように，[　　　]内の語句を並べかえなさい。ただし，使わない語がひとつ
あります。

(1) [to / have / I / been / twice / abroad].　　　　　　*abroad：外国に

_____

(2) [What / you / been / How / have]?

_____

(3) [long / each / many / you / How / known / have / other]?

_____

(4) [time / seen / haven't / since / for / a / you / long / I].

_____

(5) [paid / ticket / already / She / been / for / has / the].

_____

6 次の日本文を英語になおしなさい。

(1) 私はその動物園に1回だけ行ったことがあります。

_____

(2) 太陽はまだ昇っていません。

_____

(3) 彼女は生まれたときからここに住んでいるのですか。

_____

(4) あなたはどのくらいバスを待っていますか。

_____

8 「(人)に~してもらいたい」などの文

チャート式シリーズ参考書 >>
第3章 25 ~ 27

チェック

空欄をうめて，例文を完成させましょう。

【want＋人＋to ~「(人)に~してもらいたい」】

① 私はサヤカ(Sayaka)にピアノを弾いてもらいたいです。

I ＿＿＿＿ ＿＿＿＿ ＿＿＿＿ ＿＿＿＿ the piano.

【tell＋人＋to ~「(人)に~するように言う」】

② 母は私に早く家に帰るように言いました。

My mother ＿＿＿＿ ＿＿＿＿ ＿＿＿＿ ＿＿＿＿ home early.

【ask＋人＋to ~「(人)に~するように頼む」】

③ 私はトム(Tom)に少し待ってくれるように頼みました。

I ＿＿＿＿ ＿＿＿＿ ＿＿＿＿ ＿＿＿＿ a minute.

ポイント

want を使った文

〈want＋人＋to＋動詞の原形〉の形をとり，wantの目的語(人)のあとに不定詞がくる。〈would like＋人＋to ~〉とすると，ていねいな表現になる。

tell を使った文

〈tell＋人＋to＋動詞の原形〉の形をとり，「命令する」という意味合いがある。

ask を使った文

〈ask＋人＋to＋動詞の原形〉の形をとり，依頼するときに使う。

トライ

＜解答 ➡ 別冊p.4＞

1 日本文に合うように，＿＿＿＿ に適する語を書きなさい。

(1) 私はあなたに戻ってきてほしいです。

I ＿＿＿＿ ＿＿＿＿ ＿＿＿＿ ＿＿＿＿ back.

(2) 母はいつも私たちに，部屋を掃除するように言います。

My mother always ＿＿＿＿ ＿＿＿＿ ＿＿＿＿ ＿＿＿＿ our room.

(3) 私は彼女に救急車を呼ぶよう頼みました。

I ＿＿＿＿ ＿＿＿＿ ＿＿＿＿ ＿＿＿＿ an ambulance.

(4) あなたは私に窓を閉めてほしいですか[窓を閉めましょうか]。

Do you ＿＿＿＿ ＿＿＿＿ ＿＿＿＿ ＿＿＿＿ the window?

(5) 父は私に，今は外出しないようにと言いました。

My father ＿＿＿＿ ＿＿＿＿ ＿＿＿＿ ＿＿＿＿ ＿＿＿＿ out now.

(6) 来週の日曜日に私の家に来るよう，彼に言ってください。

Please ＿＿＿＿ ＿＿＿＿ ＿＿＿＿ ＿＿＿＿ ＿＿＿＿ my house next Sunday.

(5)「~しないように」と言いたいときは，notをtoの前に置くよ。

チェックの解答 ① want, Sayaka, to, play ② told, me, to, come ③ asked, Tom, to, wait

2 (　　) 内の指示に従って，次の英文を書きなさい。

(1) I want you to listen to me.　（wouldを使って，ていねいな表現に）

_____

(2) He said to me, "Please come here."　（不定詞を使って同じような意味の文に）

_____

(3) Our teacher said to us, "Stop it."　（不定詞を使って同じような意味の文に）

_____

(4) What do you want me to do?　（「朝食を作ってほしい」と答えて）

_____

3 正しい英文になるように，[　　] 内の語句を並べかえなさい。

(1) [honest / you / to / be / We / want].

_____

(2) [tell / now / do / Don't / to / me / it].

_____

(3) [I / slowly / to / speak / asked / him / more].

_____

💬 **チャレンジ** ·· 解答 ➡ 別冊p.4

英文を日本語に，日本文を英語になおしなさい。

(1) Would you like me to take your picture?

_____

(2) Who told you to do such a thing?

_____

(3) My grandmother asked me to answer the phone.

_____

(4) 私はあなたに7時に起こしてもらいたいです。

_____

(5) 私は彼に宿題をするよう言うつもりです。

_____

(6) あなたは彼女に，あとであなたに電話するよう頼みましたか。

_____

9 「(人)に~させる」などの文

チャート式シリーズ参考書 >>
第3章 28 ~ 29

チェック

空欄をうめて，例文を完成させましょう。

【let＋人＋動詞の原形「(人)に~させる」】

① どうか私に行かせてください。

Please _____ _____ _____.

【help＋人＋動詞の原形「(人)が~するのを手伝う」】

② 私は彼女が人形を見つけるのを手伝ってあげました。

I _____ _____ _____ her doll.

> **ポイント**
>
> let, make, have
>
> いずれも〈人＋動詞の原形〉が
> つくと，「(人)に~させる」と
> いう意味になるが，letは許可，
> makeは強制，haveは依頼の
> 意味合いがある。

トライ

解答 ➡ 別冊p.5

1 日本文に合うように，_____ に適する語を書きなさい。

(1) どうかそれを私にやらせてください。

Please _____ _____ _____ it.

(2) 私にこのコンピュータを使わせてくれますか。

Will you _____ _____ _____ this computer?

(3) 私は彼をそこへ行かせました。

I _____ _____ _____ there.

(4) この映画は私を泣かせます。

This movie _____ _____ _____.

(5) 私は母に頼んでここに来てもらいました。

I _____ _____ _____ _____ here.

(6) ルーシーは彼に頼んでこの仕事を手伝ってもらいました。

Lucy _____ _____ _____ this job.

(7) 私は彼らが理科室を掃除するのを手伝いました。

I _____ _____ _____ the science room.

(8) 私は彼女がその歌を歌うのを聞きました。

I _____ _____ _____ the song.

> 「(人)に~させる」と言
> うとき，let, make, have
> は動詞の原形の前にto
> をつけないよ。

> 「(人・もの)が~するのを見
> る[聞く]」は，〈see[hear]
> ＋人・もの＋動詞の原形〉で
> 表すんだったね。

チェックの解答 ① let, me, go ② helped, her, find

2 （　　　）内の指示に従って，次の英文を書きなさい。

(1) She let me go home. （「彼女は強制的に私を家に帰らせた」という文に）

_____

(2) I made Tom wake me up. （「私はトムに頼んで起こしてもらった」という文に）

_____

(3) You make me laugh. （「笑わせるな」という意味の命令文に）

_____

(4) I saw him. He opened the door. （「私は彼がドアを開けるのを見た」という文に）

_____

3 正しい英文になるように，[　　　]内の語句を並べかえなさい。

(1) [car / had / him / fix / I / my]. 　　　　　　　　　　*fix：修理する

_____

(2) [about / Let / think / me / it].

_____

(3) [helped / paint / him / house / We / his].

_____

◆ **チャレンジ** ‥‥‥‥‥‥‥‥‥‥‥‥‥‥‥‥‥‥‥‥‥‥‥‥‥‥‥‥ 解答 ➡ 別冊p.5

英文を日本語に，日本文を英語になおしなさい。

(1) My mother always makes us eat fruit.

_____

(2) He won't let me play a video game.

_____

(3) I saw her leave home at eight.

_____

(4) 東京に来るときは，どうか私に知らせてください。

_____

(5) 私は父が私を呼ぶのを聞きました。

_____

(6) 私が昼食を作るのを手伝ってくれますか。

_____

10 how to ～「～のしかた」など

チャート式シリーズ参考書 ≫
第3章 30 ～ 32

チェック

空欄をうめて，例文を完成させましょう。

【how to ～「～のしかた，～する方法」】
① 私はそのゲームの遊び方を知りません。

I don't know ＿＿＿＿ ＿＿＿＿ ＿＿＿＿ the game.

【what to ～「何を～したらよいか」など】
② 私は最初に何をすればよいかわかりません。

I don't know ＿＿＿＿ ＿＿＿＿ ＿＿＿＿ first.

【主語＋動詞＋目的語＋疑問詞＋to ～】
③ 次に何をしたらよいか，私に教えていただけますか。

Could you ＿＿＿＿ me ＿＿＿＿ ＿＿＿＿ ＿＿＿＿ next?

> **ポイント**
>
> **疑問詞＋to ～**
> 全体で名詞の働きをし，動詞の目的語などになる。
>
> **さまざまな〈疑問詞＋to ～〉**
> when to ～「いつ～したらよいか」，where to ～「どこで［どこに］～したらよいか」などがある。
>
> **SVOO の文での使い方**
> 〈tellなどの動詞＋人＋疑問詞＋to＋動詞の原形〉で，「(人)に～したらよいか教える」などの意味を表す。

トライ

解答 ➡ 別冊p.5

1 日本文に合うように，＿＿＿＿ に適する語を書きなさい。

(1) 私たちに寿司の作り方を見せてください。

Please show us ＿＿＿＿ ＿＿＿＿ ＿＿＿＿ sushi.

(2) 私は何を言えばよいか，わかりません。

I don't know ＿＿＿＿ ＿＿＿＿ ＿＿＿＿.

(3) これをいつ使うのか知っていますか。

Do you know ＿＿＿＿ ＿＿＿＿ ＿＿＿＿ this?

(4) 彼らはどこで待てばよいかわかりませんでした。

They didn't know ＿＿＿＿ ＿＿＿＿ ＿＿＿＿.

(5) 私は赤と黒のどちらを選べばよいか決められません。

I can't decide ＿＿＿＿ ＿＿＿＿ ＿＿＿＿, red or black.

(6) 彼は私にどちらの道を行けばよいかをたずねました。

He asked me ＿＿＿＿ way ＿＿＿＿ ＿＿＿＿.

> 日本文を参考に，どの疑問詞が入るか考えよう。

チェックの解答 ① how, to, play　② what, to, do　③ tell, what, to, do

2 (）内の指示に従って，次の英文を書きなさい。

(1) He knows when he should go there. （不定詞を使った文に）

_____

(2) I don't know which ticket I should buy. （不定詞を使った文に）

_____

(3) I wonder what I should eat. （不定詞を使った文に）

_____

(4) Could you tell me how I can use this computer? （不定詞を使った文に）

_____

3 正しい英文になるように，[ ]内の語句を並べかえなさい。

(1) [us / guitar / the / He / how / showed / play / to].

_____

(2) [you / what / of / kind / Have / wear / to / decided / clothes]?

_____

(3) [where / I'll / to / beetles / you / find / tell]. *beetle：カブトムシ

_____

💭 **チャレンジ** ･･･ 解答 ➡ 別冊p.5

英文を日本語に，日本文を英語になおしなさい。

(1) He taught me how to run faster.

_____

(2) Let's talk about where to visit in Kyoto.

_____

(3) I forgot what to buy at the store.

_____

(4) 鳥というものは飛び方を知っているものです。

_____

(5) あなたはこの古いカメラの使い方を覚えていますか。

_____

(6) どちらのレストランで昼食を食べるか，まだ決めていません。

_____

11 「～することは…です」

チェック

空欄をうめて，例文を完成させましょう。

【It is ... to ～.「～することは…です」】

① 英語を勉強することは大切です。

_____ _____ important _____ _____ English.

【It is ... for（人）to ～.「～することは（人）にとって…です」】

② 日本語を書くことは彼にとって難しいです。

_____ _____ hard _____ him _____ _____

Japanese.

> **ポイント**
>
> **形式的な主語のit**
> 文頭のItは形式的な主語で，本当の主語は後ろのto ～である。この場合のitに「それは」という意味はない。
>
> **to ～の前に〈for＋人〉がくる形**
> to ～の動作をする人を〈for＋人〉で表す。kindなど人の性質を表す形容詞の場合は，〈of＋人〉で表す。

トライ

解答 ➡ 別冊p.5

1 日本文に合うように，_____ に適する語を書きなさい。

(1) 音楽を演奏するのは楽しいです。

_____ _____ fun _____ _____ music.

(2) この本を読むのは簡単ではありません。

_____ _____ easy _____ _____ this book.

(3) 私たちにとって数学を勉強することは大切です。

_____ _____ important _____ us _____ _____ math.

(4) あなたにとってカレーライスを作るのは難しかったですか。

_____ _____ difficult _____ you _____ _____ curry and rice?

(5) そう言ってくださるとは，あなたは親切ですね。

_____ _____ kind _____ you _____ _____ so.

(6) 彼女と話すのは楽しいです。

_____ fun _____ _____ with her.

(7) 英語で手紙を書くことは私にとって難しいです。

_____ hard _____ me _____ _____ a letter in English.

> 否定文はbe動詞のあとにnotをつけ，疑問文はbe動詞をitの前に出すよ。

チェックの解答 ① It, is, to, study ② It, is, for, to, write

2 ( )内の指示に従って，次の英文を書きなさい。

(1) Playing tennis is fun. （形式的な主語itを使った文に）

_____

(2) Learning about different cultures is interesting. （形式的な主語itを使った文に）

_____

(3) It was hard for them to climb this mountain. （疑問文に）

_____

(4) It's safe to swim in this river. （「安全ではない」という意味の文に）

_____

3 正しい英文になるように，[ ]内の語句を並べかえなさい。

(1) [was / to / in the taxi / key / careless of you / leave / It / your].

_____

(2) [It / the / difficult / be / test / him / may / pass / to / for].

_____

(3) [go / idea / It's / train / to / good / by / a].

_____

チャレンジ ·· 解答 ➡ 別冊p.6

英文を日本語に，日本文を英語になおしなさい。

(1) It's dangerous to play on the road.

_____

(2) Is it necessary to study foreign languages?

_____

(3) It is nice of you to lend me your umbrella.

_____

(4) 正直であることはとても大切です。

_____

(5) 私にとってこの仕事を終わらせるのは簡単ではありませんでした。

_____

(6) 私のバッグを持ってくれるとは，あなたは親切ですね。

_____

12 「…すぎて〜できない」など

チェック

空欄をうめて，例文を完成させましょう。

【too ... to 〜「…すぎて〜できない」】

① 私は今，忙しすぎてあなたを手伝うことができません。

I'm ＿＿＿＿＿ busy ＿＿＿＿＿ ＿＿＿＿＿ you now.

【too ... for（人）to 〜「…すぎて（人）は〜できない」】

② あまりに寒すぎて，私はアイスクリームを食べることができません。

It's ＿＿＿＿＿ cold ＿＿＿＿＿ me ＿＿＿＿＿ ＿＿＿＿＿

ice cream.

【... enough to 〜「十分…なので〜できる」】

③ その物語は十分に短いので，1時間で読むことができます。

The story is short ＿＿＿＿＿ ＿＿＿＿＿ ＿＿＿＿＿

in an hour.

> **ポイント**
>
> **too ... のあとの不定詞**
> 〈too ... to＋動詞の原形〉で，「…すぎて〜できない」という意味を表す。...には形容詞や副詞がくる。
>
> **to〜の前に〈for＋人〉がくる形**
> 〈too ... for＋人＋to＋動詞の原形〉の形をとり，動作をする人を表すことができる。
>
> **... enough のあとの不定詞**
> 〈... enough to＋動詞の原形〉で，「十分…なので〜できる」という意味を表す。
> ...には形容詞や副詞がきて，そのあとにenoughを置く。
> 〈for＋人〉をつける場合は、不定詞の前に置く。

トライ

＿＿＿＿＿ 解答 ➡ 別冊p.6

1 日本文に合うように，＿＿＿＿＿ に適する語を書きなさい。

(1) 私は疲れすぎてあなたと遊べません。

I'm ＿＿＿＿＿ tired ＿＿＿＿＿ play with you.

> tooとenoughのどちらが入るかな。

(2) この問題は難しすぎて，私には答えられません。

This question is ＿＿＿＿＿ difficult ＿＿＿＿＿

me ＿＿＿＿＿ ＿＿＿＿＿.

(3) 今日はあまりに風が強すぎて，私たちは外出できませんでした。

It was ＿＿＿＿＿ windy ＿＿＿＿＿ us ＿＿＿＿＿ ＿＿＿＿＿ out.

(4) 彼は十分背が高いので，ジェットコースターに乗ることができます。

He is tall ＿＿＿＿＿ ＿＿＿＿＿ ＿＿＿＿＿ a roller coaster.

(5) このスマートフォンは十分簡単なので，私でも使うことができます。

This smartphone is easy ＿＿＿＿＿ ＿＿＿＿＿ me ＿＿＿＿＿ ＿＿＿＿＿.

チェックの解答 ① too, to, help　② too, for, to, eat[have]　③ enough, to, read

2 ( )内の指示に従って，次の英文を書きなさい。

(1) It was very hot, so I couldn't sleep well. （too ... for（人）to ～を使って一文に）

_____

(2) There were many books, so we couldn't read them all.

（too ... for（人）to ～を使って一文に）

_____

(3) She was very kind, so she helped me wash the dishes.

（... enough to ～を使って一文に）

_____

3 正しい英文になるように，[ ]内の語句を並べかえなさい。

(1) [too / sick / here / was / He / come / to].

_____

(2) [drink / brother / to / alcohol / young / too / is / My].   *alcohol：アルコール

_____

(3) [enough / the / Nancy / bus / to / ran / fast / catch].

_____

📝 **チャレンジ** ·· 解答 ➡ 別冊p.6

英文を日本語に，日本文を英語になおしなさい。

(1) This soup is too hot to eat.

_____

(2) The letters are too small for me to read.

_____

(3) This house is large enough for my family to live in.

_____

(4) 私は驚きすぎて何も言えませんでした。

_____

(5) 英語を勉強するのに遅すぎるということはありません。

_____

(6) 私たちは十分熱心に練習したので，その試合に勝つことができました。

_____

❶ 正しい英文になるように，[　　　]の中から適切なものを選びなさい。

(1) I want [he / his / him] to be a good doctor.

(2) Please let me [know / to know / knowing].

(3) Yumi showed them [which / what / how] to make *okonomiyaki*.

(4) [This / It / She] is necessary to be careful.

❷ 次の日本文の意味に合うように，_____ に適する語を入れなさい。

(1) 先生は私たちにレポートを書かせました。

Our teacher _____ _____ _____ a report.

(2) 次に何をすればいいのか教えてください。

Please tell me _____ _____ _____ next.

(3) 私は疲れすぎて，立ち上がれませんでした。

I was _____ tired _____ _____ up.

(4) 母は私に浴室を掃除するように頼みました。

My mother _____ _____ _____ _____ the bathroom.

(5) その試験に合格するのは彼らにとって難しいですか。

_____ _____ difficult _____ them _____ _____ the test?

❸ 次の英文を，不定詞を使ってほぼ同じ意味の文に書きかえなさい。

(1) I said to my sister, "Be quiet."

_____

(2) Singing this song is easy for them.

_____

(3) She was very polite, so she wrote me back at once. 　　*at once：すぐに

_____

(4) Can you tell me which bus I should take?

_____

(5) He was so busy that he couldn't come to see me.

_____

4 次の英文を日本語になおしなさい。

(1) Do you want me to buy something to drink?

_____

(2) Let me see your notebook.

_____

(3) I don't know where to change trains.

_____

(4) She left home too late to be in time for school.

_____

(5) It's hard for me to decide which university to go to.   *university：大学

_____

5 正しい英文になるように，[   ]内の語句を並べかえなさい。ただし，使わない語がひとつあります。

(1) [stop / you / like / to / want / talking / I'd].

_____

(2) [enough / I / old / to / am / for / get married].   *get married：結婚する

_____

(3) [my / I / brings / umbrella / had / bring / her].

_____

(4) [me / to / you / get / what / show / how / Could / there]?

_____

(5) [for / to / kind / invite / It's / you / of / me].

_____

6 次の日本文を英語になおしなさい。

(1) 私の犬はいつも私を笑顔にしてくれます。

_____

(2) 母は私に夕食前に宿題を終えるように言いました。

_____

(3) 私に踊り方を教えてくれてありがとうございます。

_____

(4) 彼はとても速く話すので，私たちには理解できません。

_____

13 主語（S）＋動詞（V）＋補語（C）

チャート式シリーズ参考書 ≫
第4章 38 ～ 40

✏️ チェック

空欄をうめて，例文を完成させましょう。

ポイント

【become ～「～になる」】

① あなたはよいピアニストになるでしょう。

You will _____ a good pianist.

【look ～「～に見える，～のようだ」】

② このケーキはおいしそうです［おいしく見えます］。

This cake _____ good.

【get ～「～になる」，feel ～「～に感じる」など】

③ 暗くなる前に家に帰りましょう。

Let's go home before it _____ dark.

> **become ＋名詞 / 形容詞**
> この場合の名詞や形容詞は，主語についての説明を加える語で補語と呼ばれ，主語＝補語の関係がある。

> **look ＋形容詞**
> この場合の形容詞は，主語がどのように見えるかを説明する補語。
> look のあとに名詞をつけるときは，look like ～の形で使う。

✏️ トライ

解答 ➡ 別冊p.7

1 日本文に合うように，_____ に適する語を書きなさい。

(1) 私の姉は医者になりました。

　　My sister _____ a doctor.

(2) あなたは疲れているように見えます。

　　You _____ tired.

(3) そのボールはリンゴのように見えます。

　　The ball _____ _____ an apple.

(4) 私はよい気分です。

　　I _____ good.

(5) 私はうれしく感じません。

　　I _____ _____ happy.

(6) それはおもしろそうです［おもしろく聞こえます］。

　　It _____ fun.

(4)「よいと感じる」という表現をするよ。

　チェックの解答　① become　② looks　③ gets

2 ( )内の指示に従って，次の英文を書きなさい。

(1) He is an English teacher. (「彼は英語の先生になりました」という文に)

_____

(2) This building looks like an egg. (「この建物は何のように見えますか」という文に)

_____

(3) I am taller than my mother. (「私は母より背が高くなりました」という文に)

_____

(4) Your idea is good to me. (「あなたの考えは私にはよさそうに聞こえます」という文に)

_____

3 正しい英文になるように，[ ]内の語句を並べかえなさい。

(1) [beautiful / How / looks / she]!

_____

(2) [I / to / news / sad / hear / felt / the].

_____

(3) [get / you / soon / hope / will / I / well].

_____

チャレンジ ·· 解答 ➡ 別冊p.7

英文を日本語に，日本文を英語になおしなさい。

(1) It's getting darker and darker outside.

_____

(2) You look like your father.

_____

(3) The leaves began to turn yellow.

_____

(4) 彼は人気のある歌手になりました。

_____

(5) あなたの新しい帽子はとても高価なものに見えます。   *高価な：expensive

_____

(6) よい仕事を見つけるのはますます難しくなるでしょう。

_____

35

14 主語（S）＋動詞（V）＋目的語（O）＋目的語（O）

チャート式シリーズ参考書 ≫
第4章 41 ～ 43

✎ チェック

空欄をうめて，例文を完成させましょう。

【give＋O（人）＋O（もの）「（人）に（もの）を与える」】

① 父は私に腕時計をくれました。

My father _____ me a watch.

【give＋O（もの）＋to＋O（人）への書きかえ】

② 私はその本を弟にあげました。

I _____ the book _____ my brother.

【tell＋O（人）＋that ～「（人）に～と言う」】

③ 彼は私にベストを尽くすと言いました。

He _____ me _____ he would do his best.

> **ポイント**
>
> ■ 動詞＋2つの目的語 ■
> 〈動詞＋人＋もの〉の語順になる。
>
> ■ 「人」と「もの」の入れかえ ■
> 〈動詞＋人＋もの〉の語順は，〈動詞＋もの＋to［for］＋人〉と書きかえられる。
>
> ■ 目的語のthat～ ■
> 〈動詞＋人〉のあとに「～ということ」の意味のthat ～が続く場合がある。thatは省略される場合も多い。

✎ トライ

解答 ➡ 別冊p.7

1 日本文に合うように，_____ に適する語を書きなさい。

(1) 私はあなたにケーキをあげます。

I'll _____ you cakes.

(2) 彼女は私にEメールを送りました。

She _____ me an e-mail.

(3) ボブは彼らに数学を教えました。

Bob _____ them math.

(4) 私は妹にプレゼントをあげました。

I _____ a present _____ my sister.

(5) 父は毎週日曜日に朝食を私たちに作ってくれます。

My father _____ breakfast _____ us on Sundays.

(6) 母は私によく時は金なりと言います。

My mother often _____ me _____ time is money.

(7) 私はあなたに，あなたがまちがっているということを示しました。

I _____ you _____ you were wrong.

> 目的語を2つとる動詞には send, teach, buy, make, show などがあるよ。

チェックの解答 ① gave ② gave, to ③ told, that

2 ( )内の指示に従って，次の英文を書きなさい。

(1) She gave her son a camera. （「人」と「もの」の順序を入れかえた形に）

_____

(2) I bought my brother DVDs. （「人」と「もの」の順序を入れかえた形に）

_____

(3) John lent Kate my eraser. （「人」と「もの」の順序を入れかえた形に）

_____

(4) I'll say to her, "I won't go tomorrow." （that を使った文に）

_____

3 正しい英文になるように，[ ]内の語句を並べかえなさい。

(1) [I / you / Can / something / ask]?

_____

(2) [a / made / He / for / desk / me / large].

_____

(3) [is / tells / impossible / nothing / always / us / She].　*impossible：不可能な

_____

🔖 **チャレンジ** ・・ 解答 ➡ 別冊 p.7

英文を日本語に，日本文を英語になおしなさい。

(1) I can't give you anything.

_____

(2) Could you pass me the sugar?

_____

(3) I'll show you this glass is hard to break.

_____

(4) これを私にください。

_____

(5) 私はすでに手紙を祖父に送りました。

_____

(6) 男の人が私に駅までの道を教えてくれました。

_____

15 主語（S）＋動詞（V）＋目的語（O）＋補語（C）

チャート式シリーズ参考書 >>
第4章 44 ～ 45

📝 チェック

空欄をうめて，例文を完成させましょう。

【call＋O＋C「OをCと呼ぶ」】
① 私たちは彼女をキャシーと呼んでいます。

We ＿＿＿＿＿＿ her Kathy.

【make＋O＋C「OをCにする」】
② その知らせは彼を幸せにするでしょう。

The news will ＿＿＿＿＿＿ him happy.

ポイント

動詞＋目的語と補語がくる形
〈動詞＋目的語＋補語〉の語順になる。補語になるのは名詞で，目的語＝補語の関係がある。

make, keep, findの場合
補語になるのは名詞か形容詞。

📝 トライ

解答 ➡ 別冊p.8

1 日本文に合うように，＿＿＿＿＿＿ に適する語を書きなさい。

(1) 私は彼をトムと呼んでいます。

I ＿＿＿＿＿＿ him Tom.

(2) 私たちは犬をポチと名づけました。

We ＿＿＿＿＿＿ our dog Pochi.

(3) 彼らは赤ちゃんを何と名づけましたか。

＿＿＿＿＿＿ did they ＿＿＿＿＿＿ their baby?

(4) そのサプライズは私たちを幸せにしました。

The surprise ＿＿＿＿＿＿ us happy.

(5) 何が彼女を悲しませているのですか。

＿＿＿＿＿＿ ＿＿＿＿＿＿ her sad?

(6) この勝利は彼をヒーローにするでしょう。

This win will ＿＿＿＿＿＿ him a hero.

(7) ジュースを冷やしておいてください。

Please ＿＿＿＿＿＿ the juice cold.

(8) 私はジェーンが人なつっこいことがわかりました。

I ＿＿＿＿＿＿ Jane friendly.

SVOCの文型をとる動詞は, call, name, make, keep, findなどがあるよ。

チェックの解答 ① call ② make

2 (   )内の指示に従って，次の英文を書きなさい。

(1) She is called May by them. （「彼らは彼女をメイと呼んでいます」という文に）

_____

(2) The cat was named Leo by us. （「私たちはそのネコをレオと名づけました」という文に）

_____

(3) John made me lonely. （「誰があなたにさびしい思いをさせたのですか」という文に）

_____

(4) You keep the door open. （「ドアを開けっぱなしにしないで」という命令文に）

_____

3 正しい英文になるように，[   ]内の語句を並べかえなさい。

(1) [My / Taro / grandfather / me / named].

_____

(2) [nervous / What / you / so / makes]?

_____

(3) [movie / found / the / We / boring].

_____

💬 **チャレンジ** ·· 解答 ➡ 別冊p.8

英文を日本語に，日本文を英語になおしなさい。

(1) Who named you Tom?

_____

(2) His words sometimes make me angry.

_____

(3) We've just found this work difficult.

_____

(4) 日本語でこの果物を何と呼びますか。

_____

(5) 両手をきれいにしておきなさい。

_____

(6) 彼らは自分たちの町がよいところだとわかりました。

_____

1 次の日本文の意味に合うように，＿＿＿＿＿＿ に適する語を入れなさい。

(1) 私の兄は歌手になりました。

My brother ＿＿＿＿＿＿ a singer.

(2) 彼女は私に秘密を教えてくれました。

She ＿＿＿＿＿＿ me the secret.

(3) 母は私たちに本を買ってくれました。

My mother ＿＿＿＿＿＿ books ＿＿＿＿＿＿us.

(4) 私たちはその犬をジョンと呼んでいます。

We ＿＿＿＿＿＿ the dog John.

2 (1)〜(5)の文と文型が同じものをア〜オから選び，記号で答えなさい。

(1) Can you show me how to do it?　　　（　　　　　　　）

(2) You make me happy.　　　　　　　　（　　　　　　　）

(3) I go to school from Monday to Friday.　（　　　　　　　）

(4) He likes playing soccer.　　　　　　（　　　　　　　）

(5) I am very hungry.　　　　　　　　　（　　　　　　　）

> ア She looks younger than she really is.
>
> イ He made us dinner last night.
>
> ウ Did your father name you Mary?
>
> エ I gave many chances to you.
>
> オ My sister can swim very fast.

3 （　　　）内の指示に従って，次の英文を書きなさい。

(1) He is a good singer. （「彼はいい歌手になりました」という意味の文に）

＿＿＿＿＿＿＿＿＿＿＿＿＿＿＿＿＿＿＿＿＿＿＿＿＿＿＿＿＿＿＿＿＿＿＿

(2) I am very tired today. （「私は今日とても疲れを感じています」という意味の文に）

＿＿＿＿＿＿＿＿＿＿＿＿＿＿＿＿＿＿＿＿＿＿＿＿＿＿＿＿＿＿＿＿＿＿＿

(3) I sent my aunt a letter. （目的語の「人」と「もの」の順序を入れかえて）

＿＿＿＿＿＿＿＿＿＿＿＿＿＿＿＿＿＿＿＿＿＿＿＿＿＿＿＿＿＿＿＿＿＿＿

(4) I was named Ann by my father. （「父は私をアンと名づけました」という意味の文に）

＿＿＿＿＿＿＿＿＿＿＿＿＿＿＿＿＿＿＿＿＿＿＿＿＿＿＿＿＿＿＿＿＿＿＿

4 次の英文を日本語になおしなさい。

(1) The doctor asked me some questions.

_____

(2) That sounds good.

_____

(3) The days are getting longer and longer.

_____

(4) We made him the captain of the team.

_____

(5) He tells us that it's important to study English every day.

_____

5 正しい英文になるように，[　　　]内の語句を並べかえなさい。ただし，使わない語がひとつあります。

(1) [give / have / chance / Please / another / me].

_____

(2) [What / I / you / Bob / call / Can]?

_____

(3) [made / to / He / daughter / a / for / chair / his].

_____

(4) [felt / yesterday / turned / I / fifteen years old].

_____

(5) [sweater / keeps / The / warm / you / looks].

_____

6 次の日本文を英語になおしなさい。

(1) 僕をケン（Ken）と呼んでください。

_____

(2) 私は彼女と友達になりました。

_____

(3) あなたは有名な俳優のように見えます。

_____

(4) 彼は私に1杯のコーヒーを持ってきてくれました。

_____

16 間接疑問

💬 チェック

空欄をうめて，例文を完成させましょう。

【間接疑問の形と意味】

① 私は彼がだれなのか知りません。

I don't know ＿＿＿＿＿ ＿＿＿＿＿ ＿＿＿＿＿.

【疑問詞が主語の場合】

② この箱の中に何が入っているか，あなたは当てられますか。

Can you guess ＿＿＿＿＿ ＿＿＿＿＿ in this box?

【疑問詞が where / when / why の間接疑問】

③ あなたは彼女がどこの出身か知っていますか。

Do you know ＿＿＿＿＿ ＿＿＿＿＿ ＿＿＿＿＿ from?

【疑問詞が how の間接疑問】

④ あなたはそれがいくらだったか覚えていますか。

Do you remember ＿＿＿＿＿ much ＿＿＿＿＿ ＿＿＿＿＿?

【主語＋動詞＋目的語＋間接疑問】

⑤ 私は彼女に，あなたがどこに住んでいるか教えましょう。

I will tell her ＿＿＿＿＿ ＿＿＿＿＿ ＿＿＿＿＿.

> **ポイント**
>
> **間接疑問の語順**
> 疑問詞で始まる疑問文が他の文の一部に組み込まれた形の文を，間接疑問という。〈疑問詞＋肯定文（主語＋述語）〉の語順になる。
>
> **動詞＋目的語と間接疑問が続く形**
> 〈主語＋動詞＋目的語＋目的語〉の文型の，2つ目の目的語に間接疑問がくる場合がある。

👆 トライ

解答 ➡ 別冊p.8

1 日本文に合うように，＿＿＿＿ に適する語を書きなさい。

(1) 私たちはあなたがだれなのかを知りたいです。

We want to know ＿＿＿＿＿ ＿＿＿＿＿ ＿＿＿＿＿.

(2) あなたは私が何と言ったかを覚えていますか。

Do you remember ＿＿＿＿＿ ＿＿＿＿＿ ＿＿＿＿＿?

(3) 私は彼がどこにいるのかを知っています。

I know ＿＿＿＿＿ ＿＿＿＿＿ ＿＿＿＿＿.

(4) あなたは彼女が何歳かをたずねるべきではありません。

You shouldn't ask ＿＿＿＿＿ ＿＿＿＿＿ she ＿＿＿＿＿.

(5) 彼女が私にどのように天ぷらを作るのかを見せてくれることになっています。

She's going to show me ＿＿＿＿＿ she ＿＿＿＿＿ tempura.

> 動詞の形にも注意しよう。

　チェックの解答　① who, he, is　② what, is　③ where, she, is[comes]　④ how, it, was　⑤ where, you, live

2 ( ) 内の指示に従って，次の英文を書きなさい。

(1) What is this? （Do you knowに続けて間接疑問に）

_____

(2) When is he going to leave Japan? （I don't knowに続けて間接疑問に）

_____

(3) Who stole my watch? （I have no ideaに続けて間接疑問に）

_____

(4) Why did you make her cry? （Tell meに続けて間接疑問に）

_____

3 正しい英文になるように，[ ]内の語句を並べかえなさい。

(1) [next / will / No one / happen / what / knows].

_____

(2) [know / books / I / has / how / he / many].

_____

(3) [I / gone / where / she / know / has / don't].

_____

💠 チャレンジ ･･･ 解答 ➡ 別冊p.9

英文を日本語に，日本文を英語になおしなさい。

(1) I don't know what you are talking about.

_____

(2) Can you imagine how much we like you?

_____

(3) I'm interested in who painted this picture.

_____

(4) これはだれの帽子なのか，あなたは知っていますか。

_____

(5) ここから駅までどれくらい遠いか教えていただけますか。

_____

(6) 私たちは彼がどこで生まれたか知りません。

_____

17 否定疑問文

チャート式シリーズ参考書 >>
第5章 51 ～ 52

チェック

空欄をうめて，例文を完成させましょう。

ポイント

否定を含む疑問文の形
〈否定の短縮形＋主語 ～？〉で表す。答えの内容が肯定ならYes，否定ならNoで答える。日本語の「はい/いいえ」とは逆になるので注意。

【Aren't you ～？「～ではないのですか」（be動詞の場合）】
① あなたは疲れていないのですか。
　　── いいえ，疲れています。/ はい，疲れていません。
　　_____ you tired?
　　── _____, I am. / _____, I'm not.

【Don't you ～？「～しないのですか」（一般動詞などの場合）】
② あなたは覚えていないのですか。
　　── いいえ，覚えています。/ はい，覚えていません。
　　_____ you remember?
　　── _____, I do. / _____, I don't.

一般動詞や助動詞を使う場合
一般動詞や助動詞を使った否定疑問文も，否定の～n'tを文の初めに出して作る。

トライ

解答 ➡ 別冊p.9

1 日本文に合うように，_____ に適する語を書きなさい。

(1) あなたはお腹がすいていないのですか。 ── いいえ，すいています。
　　_____ you hungry? ── _____, I _____.

日本語の「はい/いいえ」とは逆になるから気をつけよう。

(2) 彼はあなたの父親ではないのですか。 ── はい，違います。
　　_____ he your father? ── _____, he _____.

(3) それは難しくなかったのですか。 ── いいえ，難しかったです。
　　_____ it difficult? ── _____, it _____.

(4) あなたは彼女を知らないのですか。 ── はい，知りません。
　　_____ you know her? ── _____, I _____.

(5) 彼女はスマートフォンを持っていないのですか。 ── いいえ，持っています。
　　_____ she have a smartphone? ── _____, she _____.

(6) マイクは泳げないのですか。 ── はい，泳げません。
　　_____ Mike swim? ── _____, he _____.

チェックの解答 ① Aren't, Yes, No ② Don't, Yes, No

2 (   )内の指示に従って，次の英文を書きなさい。

(1) This bag is new. （否定疑問文に）

_____

(2) He likes playing soccer. （否定疑問文に）

_____

(3) Weren't they invited to the party? （「いいえ，招待されました」と答える文に）

_____

(4) Can't you come here tonight? （「はい，行けません」と答える文に）

_____

3 正しい英文になるように，[   ]内の語句を並べかえなさい。

(1) [it / raining / Isn't / there]?

_____

(2) [you / train / the / Couldn't / catch]?

_____

(3) [way / Isn't / taller / of / there / any / growing]?

_____

◆ チャレンジ ·· 解答 ➡ 別冊p.9

英文を日本語に，日本文を英語になおしなさい。

(1) Isn't this movie interesting to you?

_____

(2) Don't you walk to school?

_____

(3) Haven't they decided where to go next weekend yet?

_____

(4) 彼は怒っていませんか。 —— はい，怒っていません。

_____

(5) あなたは昨日彼女に会わなかったのですか。 —— いいえ，会いました。

_____

(6) この鳥は飛べないのですか。 —— はい，飛べません。

_____

45

18 付加疑問

チャート式シリーズ参考書 >>
第5章 53〜55

チェック

空欄をうめて，例文を完成させましょう。

【〜, aren't you?「〜ですね」(be動詞の場合)】
① あなたは疲れていますね。

You are tired, ＿＿＿＿ ＿＿＿＿?

【〜, don't you?「〜しますね」(一般動詞などの場合)】
② あなたは本が大好きですね。

You love books, ＿＿＿＿ ＿＿＿＿?

【〜, is it?「〜ではないですね」(否定文＋付加疑問)】
③ それはあなたのではないですよね。

It isn't yours, ＿＿＿＿ ＿＿＿＿?

ポイント

付加疑問の基本
「〜ですね」と相手に軽くたずねるときに使う。文の終わりに〈コンマ＋否定の短縮形＋主語?〉をつける。付加疑問の主語は，文全体の主語の代名詞にする。

否定文につく付加疑問
〈コンマ＋肯定形＋主語?〉の形になる。答えは，肯定の内容ならYes，否定ならNoを使う。

トライ

解答 ➡ 別冊p.9

1 日本文に合うように，＿＿＿＿ に適する語を書きなさい。

(1) あなたはのどがかわいていますね。

You are thirsty, ＿＿＿＿ ＿＿＿＿?

(2) それはあなたのバッグですね。

It's your bag, ＿＿＿＿ ＿＿＿＿?

(3) あなたはサッカーをしますよね。

You play soccer, ＿＿＿＿ ＿＿＿＿?

(4) 彼女はうれしそうですね。

She looks happy, ＿＿＿＿ ＿＿＿＿?

(4) 動詞がlooksだと付加疑問はどんな形になるか考えよう。

(5) 今日は寒くありませんよね。 —— はい, 寒くありません。

It isn't cold today, ＿＿＿＿ ＿＿＿＿? —— ＿＿＿＿, it isn't.

(6) あなたは昨日働きませんでしたよね。 —— いいえ, 働きました。

You didn't work yesterday, ＿＿＿＿ ＿＿＿＿? —— ＿＿＿＿, I did.

チェックの解答 ① aren't, you ② don't, you ③is, it

2 ( )内の指示に従って, 次の英文を書きなさい。

(1) She was a singer. （付加疑問に）

_____

(2) You play the piano. （付加疑問に）

_____

(3) He shouldn't go out. （付加疑問に）

_____

(4) They have never been abroad, have they? （「いいえ, 行ったことがあります」と答えて）

_____

3 正しい英文になるように, [ ]内の語句を並べかえなさい。

(1) [didn't / passed / he / exam, / He / the]?

_____

(2) [she / left / has / home, / Lucy / hasn't / already]?

_____

(3) [You'll / will / forget / experience, / never / you / this]?

_____

📝 チャレンジ ··· 解答 ➡ 別冊p.9

英文を日本語に, 日本文を英語になおしなさい。

(1) This box is too heavy, isn't it?

_____

(2) We've met before, haven't we?

_____

(3) It won't rain this afternoon, will it?

_____

(4) 彼女は高校生ですね。 —— いいえ, 高校生ではありません。

_____

(5) あなたは昨晩よく眠れましたよね。 —— はい, 眠れました。

_____

(6) これらの車は日本で売られていませんよね。 —— はい, 売られていません。

_____

1 正しい英文になるように，[　　]の中から適切なものを選びなさい。

(1) [Aren't / Do / Which] they busy?

(2) [Doesn't / Isn't / Don't] you like it?

(3) He is a teacher, [is he / isn't he / he is]?

(4) You didn't do it, [did you / didn't you / you did]?

(5) Please tell me [who is she / who she is / she is who].

2 次の日本文の意味に合うように，_____ に適する語を入れなさい。

(1) あなたはそれらの違いが何かわかりますか。

　　Do you know _____ is the difference between them?

(2) 私はそのパーティーに何人来たのか覚えていません。

　　I don't remember _____ _____ people _____ to the party.

(3) それは簡単ではなかったのですか。　—— いいえ，簡単でした。

　　_____ it easy?　—— _____, it _____.

(4) 彼はスキーができないのですか。　—— はい，できません。

　　_____ he ski?　—— _____, he _____.

(5) あなたは毎週映画を見ていますよね。

　　You see a movie every week, _____ _____?

3 (　　)内の指示に従って，次の英文を書きなさい。

(1) Who ate my cake?　（Do you knowに続けて間接疑問に）

　　_____

(2) How long has he been in Tokyo?　（I knowに続けて間接疑問に）

　　_____

(3) Are you surprised?　（否定疑問文に）

　　_____

(4) It's Wednesday today.（付加疑問に）

　　_____

(5) Tom and Ken didn't break the door, did they?　（「壊していない」と答えて）

　　_____

4 次の英文を日本語になおしなさい。

(1) I will tell you why I became a doctor.

_____

(2) Don't you know what happened here this morning?

_____

(3) Wasn't it hard to run 10 kilometers?

_____

(4) He really looks like a baseball player, doesn't he?

_____

(5) You didn't stay home then, did you?

_____

5 正しい英文になるように，[　　　]内の語句を並べかえなさい。ただし，使わない語がひとつあります。

(1) [is / know / who / for / waiting / she / does / I].

_____

(2) [Can / guess / I / you / where / do / am]?

_____

(3) [afraid / you / Didn't / making / Aren't / mistakes / of]?

_____

(4) [feel / Don't / hear / no / you / news / sad / the / to]?

_____

(5) [he / there / him / hasn't / He / yet, / has / arrived]?

_____

6 次の日本文を英語になおしなさい。

(1) その試合が何時に始まるか，あなたは知っていますか。

_____

(2) 彼は眠くないのですか。 —— はい，眠くないです。

_____

(3) オーストラリアは今，夏ですよね。

_____

(4) あなたは彼女がお皿を洗うのを手伝いませんでしたよね。 —— いいえ，手伝いました。

_____

19 現在分詞の形容詞的用法

チャート式シリーズ参考書 >>
第6章 ⑤⑥～⑤⑦

📝 チェック

空欄をうめて，例文を完成させましょう。

【名詞＋現在分詞（ing形）＋語句「～している〈名詞〉」】

① ギターを弾いている男の子を見なさい。

Look at the boy ＿＿＿＿＿ the guitar.

【現在分詞（ing形）＋名詞「～している〈名詞〉」】

② あの雲は笑っている顔のように見えます。

That cloud looks like a ＿＿＿＿＿ face.

ポイント

現在分詞が名詞を修飾する形

「～している」の意味で名詞を修飾するときは，現在分詞（ing形）を使う。

・ひとまとまりの語句で名詞を修飾する場合は，〈名詞＋現在分詞（ing形）〉の形にする。

・1語で名詞を修飾する場合は，〈現在分詞（ing形）＋名詞〉の形にする。

✍ トライ

解答 ➡ 別冊p.10

1 日本文に合うように，＿＿＿＿＿ に適する語を書きなさい。

(1) 私は私たちの前を歩いている女の人を知っています。

I know the woman ＿＿＿＿＿ in front of us.

(2) スミス先生と話している男の子は私の弟です。

The boy ＿＿＿＿＿ with Mr. Smith is my brother.

(3) テニスをしている女の子を知っていますか。

Do you know the girl ＿＿＿＿＿ tennis?

(4) 窓辺に立っている女の子がいます。

There is a girl ＿＿＿＿＿ by the window.

(5) その泣いている赤ちゃんが私の息子です。

The ＿＿＿＿＿ baby is my son.

(6) これは飲み水ではありません。

This is not ＿＿＿＿＿ water.

(7) 踊っている女の子はメアリーです。

The ＿＿＿＿＿ girl is Mary.

(8) コウモリは飛ぶ動物です。

Bats are ＿＿＿＿＿ animals.

-ingの作り方には，次の3パターンがあったね。
①そのままingをつける
②eをとってingをつける
③子音字を重ねてingをつける

チェックの解答 ① playing ② smiling

2 次の英文を, 現在分詞を使って一文にしなさい。

(1) Do you know the boy? He's throwing a ball.

_____

(2) The woman must be Kate. She is waving her hands.   *wave：振る

_____

(3) I forgot the name of the scientist. He is making a speech.

_____

(4) Look at the bird. It is singing.

_____

3 正しい英文になるように, [   ]内の語句を並べかえなさい。

(1) [ocean / are / in / There / swimming / the / people].

_____

(2) [without / the / umbrella / man / walking / is / an / Who]?

_____

(3) [sun / How / rising / beautiful / is / the]!

_____

📝 **チャレンジ** ･･ 解答 ➡ 別冊p.10

英文を日本語に, 日本文を英語になおしなさい。

(1) We know that woman wearing glasses.

_____

(2) Is there a store selling notebooks near here?

_____

(3) I don't remember who the swimming boy is.

_____

(4) 私は公園で遊んでいる子どもたちの写真を撮りました。

_____

(5) 向こうで走っている男の人は, 有名なサッカー選手です。

_____

(6) その眠っている赤ちゃんを起こしてはいけません。

_____

20 過去分詞の形容詞的用法

チェック

空欄をうめて，例文を完成させましょう。

【名詞＋過去分詞＋語句「～された〈名詞〉」】

① 私は英語で書かれた手紙を受け取りました。

I got a letter _____ in English.

【過去分詞＋名詞「～された〈名詞〉」】

② 割れた［割られた］ガラスに気をつけてください。

Be careful with the _____ glass.

> **ポイント**
> 過去分詞が名詞を修飾する形
> 「～された」「～されている」の意味で名詞を修飾するときは，過去分詞を使う。
> ・ひとまとまりの語句で名詞を修飾する場合は，〈名詞＋過去分詞〉の形にする。
> ・1語で名詞を修飾する場合は，〈過去分詞＋名詞〉の形にする。

トライ

解答 ➡ 別冊p.11

1 日本文に合うように，_____ に適する語を書きなさい。

(1) これは私の姉が撮った［姉によって撮られた］写真です。

This is a picture _____ by my sister.

(2) 私たちは日本製の車を持っています。

We have a car _____ in Japan.

(3) ゴッホによって描かれた絵を見たことがありますか。

Have you ever seen pictures _____ by Van Gogh?

(4) ニュージーランドで話されている言語は何ですか。

What is the language _____ in New Zealand?

(5) 私は中古のコンピュータを買いました。

I bought a _____ computer.

(6) テーブルに割れた花瓶があります。

There is a _____ vase on the table.

(7) トムは僕の［親から与えられた］名前です。

Tom is my _____ name.

(8) 警察は盗難車を見つけました。

The police found the _____ car.

> (2)「日本製の」=「日本で作られた」
> (5)「中古の」=「使われた」
> (8)「盗難」=「盗まれた」と考えよう。

52 　チェックの解答 　① written ② broken

2 次の英文を，過去分詞を使って一文にしなさい。

(1) I've read novels. They were written by Natsume Soseki.

_____

(2) Many people will visit the hotel tonight. They were invited to the party.

_____

(3) I got two tickets for the concert. It'll be held by him in May.

_____

(4) There is a door to enter this room. The door is hidden.　　　　*hide：隠す

_____

3 正しい英文になるように，[　　　]内の語句を並べかえなさい。

(1) [caught / father / Let's / fish / by / my / these / cook].

_____

(2) [seen / are / Japan / These / in / birds].

_____

(3) [child / need / lost / We / find / the / to].

_____

💠 **チャレンジ** ··· 解答 ➡ 別冊p.11

英文を日本語に，日本文を英語になおしなさい。

(1) This is the book read all over the world.

_____

(2) He has a dog called Pochi.

_____

(3) I saw an injured man on the street.　　　　*injure：けがをさせる

_____

(4) これは1000年に建てられた城です。

_____

(5) 彼女は私に彼女の祖父が集めたたくさんの切手を見せてくれました。

_____

(6) 地面は落ち葉でおおわれています。

_____

1 正しい英文になるように，[　　　]の中から適切なものを選びなさい。

(1) Can you see the [breaking / broken / breaks] window?

(2) I know the girl [playing / played / plays] the piano.

(3) What an [exciting / excited / excites] game!

(4) Do you know the language [using / used / uses] in Brazil?

(5) The [running / run / runs] dog is mine.

2 次の(　　　)の意味に合うように，_____ に適する語を入れなさい。

(1) _____ car　　　　（中古車）

(2) _____ machine　（洗濯機）

(3) _____ bag　　　　（寝袋）

3 次の日本文の意味に合うように，_____ に適する語を入れなさい。

(1) 音楽を聴いている女の子はだれですか。

　　Who is the girl _____ to music?

(2) プールで泳いでいる男の子は私の弟です。

　　The boy _____ in the pool is my brother.

(3) これらは祖父が撮った写真です。

　　These are pictures _____ by my grandfather.

(4) 私はボブが描いた絵を見ました。

　　I saw the picture _____ by Bob.

4 次の英文を，現在分詞または過去分詞を使って一文にしなさい。

(1) The man is my father.　He is sitting on the chair.

　　_____

(2) I want a car.　It's sold only in Japan.

　　_____

(3) The woman asked me to help her.　She was carrying boxes.

　　_____

(4) Do you know the name of the song?　It's playing on the radio.

　　_____

5 次の英文を日本語になおしなさい。

(1) Do you know that man waiting for the bus?

_____

(2) I bought a bag made in France.

_____

(3) I'll give you some apples sent from my grandmother.

_____

(4) The mountain covered with snow is very beautiful.

_____

(5) The sleeping baby is my daughter.

_____

6 正しい英文になるように，[   ]内の語句を並べかえなさい。ただし，使わない語がひとつあります。

(1) [my / there / The / over / is / stands / girl / sister / standing].

_____

(2) [in / the / Look / that / sky / bird / flying / to / at].

_____

(3) [a / boy / There / is / crying / The].

_____

(4) [close / open / door / Don't / the / closed].

_____

(5) [by / cookies / made / I / mother / in / my / like].

_____

7 次の日本文を英語になおしなさい。

(1) 踊っている男の子が見えますか。

_____

(2) 白い帽子をかぶっているあの女の人は，私のおばです。

_____

(3) ここには100年以上前に建てられた建物がたくさんあります。

_____

(4) あなたは英語で書かれた本を何冊持っていますか。

_____

21 主格の関係代名詞

チャート式シリーズ参考書 >>
第7章 60 ～ 63

チェック

空欄をうめて，例文を完成させましょう。

【関係代名詞の働き】

① 私には神戸に住んでいるおじがいます。

I have an uncle _____ lives in Kobe.

【who＋動詞 ～（先行詞＝「人」）】

② あれは，昨日ケイトといっしょにいた男の子です。

That's the boy _____ was with Kate yesterday.

【which＋動詞 ～（先行詞＝「人以外」）】

③ 駅へ行くバスに乗ってください。

Take the bus _____ goes to the station.

【that＋動詞 ～（先行詞＝「人」「人以外」）】

④ これは若い人々に愛されている歌です。

This is a song _____ is loved by young people.

ポイント

関係代名詞の基本
関係代名詞who, which, that で始まるまとまりが，関係代名詞の直前にある名詞・代名詞（先行詞）を後ろから修飾する。

主格の関係代名詞
関係代名詞がまとまりの中で主語の働きをしている場合，主格の関係代名詞という。

3つの関係代名詞
・who　：先行詞が「人」の場合。
・which：先行詞が「人以外」の場合。
・that　：先行詞が「人」「人以外」を含むすべて。

トライ

解答 ➡ 別冊p.11

1 日本文に合うように，_____ にthat以外の適する語を書きなさい。

(1) 彼はノーベル賞を受賞した科学者です。

He is a scientist _____ won the Nobel Prize.

関係代名詞は，whoまたはwhichで答えてね。

(2) 私には医者の兄がいます。

I have a brother _____ _____ a doctor.

(3) 彼女は10歳の犬を飼っています。

She has a dog _____ _____ ten years old.

(4) 私たちは空港へ行くバスに乗るつもりです。

We are going to take a bus _____ _____ to the airport.

(5) 英語は世界中で話されている言語です。

English is the language _____ _____ _____ all over the world.

チェックの解答 ① who ② who ③ which ④ that

2 次の英文を，関係代名詞のwhoまたはwhichを使って一文にしなさい。

(1) I know a girl.　She sings very well.

_____

(2) Those boys are my classmates.　They were playing soccer then.

_____

(3) The pen is mine.　It's on his desk.

_____

(4) We are staying at the hotel.　It stands by the river.

_____

3 正しい英文になるように，[　　]内の語句を並べかえなさい。

(1) [who / a / pianist / aunt / My / abroad / is / plays].

_____

(2) [makes / is / everyone / song / happy / This / which / the].

_____

(3) [is / has / Who / hair / woman / long / that / the]?

_____

> 📝 **チャレンジ** ··· 解答 ➡ 別冊p.12

英文を日本語に，日本文を英語になおしなさい。

(1) Have you ever read a book which was written by him?

_____

(2) He is the only student that can speak French in this class.

_____

(3) Is there anyone who can tell her how to use this computer?

_____

(4) これは飛べない鳥です。

_____

(5) 彼女は英語を教える先生です。

_____

(6) 私はときどき私の家の近くに住んでいる祖母を訪ねます。

_____

22 目的格の関係代名詞

チャート式シリーズ参考書 》
第7章 64 〜 66

💬 チェック

空欄をうめて，例文を完成させましょう。

【which＋主語＋動詞 〜（先行詞＝「人以外」）】

① これは私が京都で買ったかばんです。

This is the bag ＿＿＿＿＿ I bought in Kyoto.

【that＋主語＋動詞 〜（先行詞＝「人」「人以外」）】

② 私は昨日なくしたペンを見つけました。

I found the pen ＿＿＿＿＿ I lost yesterday.

【〈主語＋動詞 〜〉が前の名詞を修飾（接触節）】

③ これらは私がハワイで撮った写真です。

These are the pictures ＿＿＿＿＿ ＿＿＿＿＿ in Hawaii.

> **ポイント**
>
> **目的格の関係代名詞**
>
> 関係代名詞which [that] が，あとに続くまとまりの中で目的語の働きをしている場合，目的格の関係代名詞という。
> ・which：先行詞が「人以外」の場合。
> ・that ：先行詞が「人」「人以外」を含むすべて。
>
> **接触節**
>
> 修飾される名詞は，〈主語＋動詞 〜〉の動詞の目的語にあたる。

💬 トライ

解答 ➡ 別冊p.12

1 日本文に合うように，＿＿＿＿＿ に適する語を書きなさい。

(1) これは彼女が私に作ってくれた帽子です。

This is the hat ＿＿＿＿＿ ＿＿＿＿＿ ＿＿＿＿＿ for me.

(2) 彼が撮ったこれらの写真はすてきです。

These pictures ＿＿＿＿＿ ＿＿＿＿＿ ＿＿＿＿＿ are wonderful.

> 関係代名詞が入らない接触節になっているものもあるよ。

(3) 私が読んでいる本は難しいです。

The book ＿＿＿＿＿ ＿＿＿＿＿ ＿＿＿＿＿ ＿＿＿＿＿ is difficult.

(4) あなたが昨日会った男の人はケンですよね。

The man ＿＿＿＿＿ ＿＿＿＿＿ ＿＿＿＿＿ yesterday is Ken, isn't he?

(5) これは私が彼について知っている唯一のことです。

This is the only thing ＿＿＿＿＿ ＿＿＿＿＿ ＿＿＿＿＿ about him.

(6) 彼女はあの店で買ったクッキーを私に何枚かくれました。

She gave me some cookies ＿＿＿＿＿ ＿＿＿＿＿ at that shop.

(7) 彼らが私に話してくれた話はとても悲しかったです。

The story ＿＿＿＿＿ ＿＿＿＿＿ ＿＿＿＿＿ was very sad.

チェックの解答 ① which ② that ③ I, took

2 次の英文を, 関係代名詞のwhichまたはthatを使って一文にしなさい。

(1) This is the car. I bought it last Saturday.

_____

(2) Do you know the singer and the song? Jane likes them.

_____

(3) The game was exciting. We watched it at the stadium.

_____

(4) He is the only person. I told him my secret.

_____

3 正しい英文になるように, [   ]内の語句を並べかえなさい。

(1) [She / knows / actress / everyone / the / is / that].

_____

(2) [I'm / is / the / in / Science / which / interested / subject].

_____

(3) [That's / do / all / can / I].

_____

💬 チャレンジ ·· 解答 ➡ 別冊p.12

英文を日本語に, 日本文を英語になおしなさい。

(1) This is the dictionary I usually use.

_____

(2) There is nothing that I can't do.

_____

(3) Do you know the woman that he was talking with?

_____

(4) 私が訪れたい国はフランスです。

_____

(5) あなたが一番にすべきことは宿題を終わらせることです。

_____

(6) 彼女が聞いている歌を知っていますか。

_____

1 正しい英文になるように，[　　　]の中から適切なものを選びなさい。

(1) She is a teacher [who / which] teaches math.

(2) There are some oranges [who / which] Anna got for me.

(3) This is the temple [who / which] was built long time ago.

(4) Thank you for everything [that / who] you've done for me.

(5) Do you know the boy [that / which] Ken is playing with?

2 二つの英文が同じ意味になるように，_____ に適する語を入れなさい。

(1) I have a dog with long ears.

I have a dog _____ _____ long ears.

(2) Do you know the woman wearing red shoes?

Do you know the woman _____ _____ _____ red shoes?

(3) The girls standing under the tree are my friends.

The girls _____ _____ _____ under the tree are my friends.

(4) I want to see a picture painted by Picasso.

I want to see a picture _____ _____ painted by Picasso.

(5) Have you ever read a novel which Mori Ogai wrote?

Have you ever read a novel _____ _____ _____ by Mori Ogai?

3 次の英文を，関係代名詞を使って一文にしなさい。

(1) I have a computer. It's made in China.

_____

(2) He is the actor. I like him the best.

_____

(3) The dinner was amazing. We ate it at the restaurant.

_____

(4) Can you see the girl and her cat? They are sitting on the chair.

_____

(5) Do you remember how much the cups were? You bought them yesterday.

_____

4 次の英文を日本語になおしなさい。

(1) The train which goes to Tokyo hasn't arrived yet.

_____

(2) The girl who was reading a book got sleepy.

_____

(3) The view which can be seen from here is beautiful.

_____

(4) Is there anything you want me to do?

_____

(5) What is the most expensive thing that is sold at the shop?

_____

5 正しい英文になるように，[　　　　]内の語句を並べかえなさい。ただし，使わない語がひとつ
あります。

(1) [watch / love / me / this / who / which / she / gave / I].

_____

(2) [is / The / I / person / which / you / that / respect].　　　　*respect：尊敬する

_____

(3) [house / in / This / the / they / who / live / which / is].

_____

(4) [which / Didn't / hear / us / you / news / was / the / surprised]?

_____

(5) [a / that / last / such / says / He's / person / the / thing / which].

_____

6 次の日本文を，関係代名詞を使って英語になおしなさい。

(1) 私たちはピアノが弾ける人を探しています。

_____

(2) これは私が今まで読んだ中で一番面白い本です。

_____

(3) 私は彼女が興味をもっていた本を読みました。

_____

(4) 先週私があなたに貸したあのCDはどこにありますか。

_____

23 ifを使う仮定法の文

チャート式シリーズ参考書 >>
第8章 67 〜 68

チェック

空欄をうめて，例文を完成させましょう。

【「現実にありえること」を表すifの文】

① もしあなたが空腹なら，私があなたのために昼食を作りましょう。

_____ you _____ hungry, I _____ make

lunch for you.

【「現実に反すること」を表すifの文（仮定法）】

② もし羽があれば，私は家へ飛んで帰るだろうに。

_____ I _____ wings, I _____ _____ home.

ポイント

仮定法とは
現実に反することを仮定して述べる文を仮定法の文という。

仮定法のif
仮定法で「もし〜なら…だろうに」と言うときは，「もし〜なら」の部分に動詞の過去形を使い，「…だろうに」では〈助動詞の過去形＋動詞の原形〉を使う。be動詞の過去形はwereとする。

トライ

解答 ➡ 別冊p.13

1 日本文に合うように，_____ に適する語を書きなさい。

(1) もし明日晴れるなら，私たちは釣りに行くつもりです。

_____ it _____ sunny tomorrow, we _____ go fishing.

(2) もし私が魔法の杖を持っているなら，世界をもっと幸せにするのに。　*magic wand：魔法の杖

_____ I _____ a magic wand, I _____ make the world happier.

(3) もし時間があるなら，一緒にテニスをしましょう。

_____ you _____ time, let's play tennis together.

(4) もし私があなたなら，そこへは行かないのに。

_____ I _____ you, I _____ go there.

(5) もし私が中国語を話せるなら，彼と話をするのに。

_____ I _____ _____ Chinese, I _____ talk with him.

(6) もしタイムマシンがあるなら，どの時代を訪れますか。　*era：時代

_____ you _____ a time machine, which era _____ you visit?

(7) もし彼女の住所を知っているなら，会いに行くのに。

_____ I _____ her address, I _____ go to see her.

(4) 仮定法の場合，Iのあとのbe動詞の形に注意しよう。

チェックの解答 ① If, are, will ② If, had, would, fly

2 次の英文を, if を使った仮定法の文になおしなさい。

(1) If I am rich, I will not work.

_____

(2) If it is not snowing, we can climb that mountain.

_____

(3) If I have a ticket, I will go to their concert.

_____

(4) He is not in Tokyo now, so we can't meet.

_____

3 正しい英文になるように, [　　　]内の語句を並べかえなさい。

(1) [dog, / If / run / were / a / I / fast / could / I].

_____

(2) [Sunday / it / sleep / today, / If / I / were / longer / would].

_____

(3) [I / free, / her / would / If / I / help / were].

_____

解答 ➡ 別冊 p.13

🖊 チャレンジ ・・

英文を日本語に, 日本文を英語になおしなさい。

(1) If I were young, I would travel around the world.

_____

(2) The party would be more fun, if you were here.

_____

(3) If you had a million yen, what would you use it for?

_____

(4) もし雨が降っていないなら, 私たちはピクニックへ行くのに。

_____

(5) もしお金があるのなら, 車を買うのに。

_____

(6) もしあなたが私なら, 何をしますか。

_____

24 wish を使う仮定法の文

チェック

空欄をうめて，例文を完成させましょう。

【I wish ～.「～ならいいのに」】

① もっと時間があったらいいのに。

_____ _____ I _____ more time.

【as if ～「まるで～かのように」】

② 彼はまるですべてを知っているかのように話します。

He talks _____ _____ he _____ everything.

> **ポイント**
>
> 仮定法の wish
> 「～ならいいのに」という現実に反する願望は，〈I wish ＋主語＋過去形 ～〉で表す。
>
> as if～を用いた文
> as if ～「まるで～かのように」のあとにも，仮定法の過去形が使われることがある。

トライ

解答 ➡ 別冊p.13

1 日本文に合うように，_____ に適する語を書きなさい。

(1) 金持ちだったらいいのに。

_____ _____ I _____ rich.

> 仮定法の場合，be動詞の形はどうなるかな。

(2) 車があったらいいのに。

_____ _____ I _____ a car.

(3) 動物と話せたらいいのに。

_____ _____ I _____ _____ with animals.

(4) 彼女が泳げたらいいのに。

_____ _____ she _____ _____.

(5) あなたを本当の妹のように思っています。

I feel _____ _____ you _____ my real sister.

(6) 彼女はまるで答えを知っているかのように見えます。

She looks _____ _____ she _____the answer.

(7) リサが私の妹だったらいいのに。

_____ _____ Lisa _____ my sister.

(8) 時間が止まればいいのに。

_____ _____ the time _____ _____.

チェックの解答 ① I, wish, had ② as, if, knew

2 例にならって，次の英文を I wish から始まる仮定法の文に書きかえなさい。

例）I'm not you. → I wish I were you.

(1) I can't fly.

_____

(2) I don't have enough time.

_____

(3) He won't call me.

_____

(4) You are leaving tomorrow. （But I don't want you to leave.）

_____

3 正しい英文になるように，[　　　]内の語句を並べかえなさい。

(1) [were / wish / father / I / my / he].

_____

(2) [I / today / were / it / warm / wish].

_____

(3) [as / feel / do / I / if / I / anything / could].

_____

チャレンジ .... 解答 ➡ 別冊 p.14

英文を日本語に，日本文を英語になおしなさい。

(1) I wish I were taller.

_____

(2) I wish it would stop raining.

_____

(3) I remember as if it were yesterday.

_____

(4) あなたがここにいたらいいのに。

_____

(5) ほしいものがすべて買えたらいいのに。

_____

(6) 彼らはまるで兄弟のように見えます。

_____

1 正しい英文になるように，[　　]の中から適切なものを選びなさい。

(1) If you [have / has / had] any questions, please let me know.

(2) If I [am / were / have] you, I would never give up.

(3) If he [can / could / did] ski, we would go skiing with him.

(4) If she [studies / studied / has studied] hard, she will pass the exam.

(5) I wish I [am / were / be] a boy.

2 次の日本文の意味に合うように，＿＿＿＿ に適する語を入れなさい。

(1) もしあなたが行くなら，私も行くつもりです。

＿＿＿＿ you ＿＿＿＿ , I ＿＿＿＿ ＿＿＿＿ too.

(2) もし私の家が大きかったら，もっと多くの友達を招待するのに。

＿＿＿＿ my house ＿＿＿＿ large, I ＿＿＿＿ ＿＿＿＿ more friends.

(3) もし水がなかったら，私たちは生きられないでしょう。

＿＿＿＿ there ＿＿＿＿ no water, we＿＿＿＿ ＿＿＿＿ .

(4) 彼が戻ってきてくれたらいいのに。

＿＿＿＿ ＿＿＿＿ he ＿＿＿＿ ＿＿＿＿ back.

(5) 私の足がもっと長かったらいいのに。

＿＿＿＿ ＿＿＿＿ my legs ＿＿＿＿ longer.

3 (　　)内の指示に従って，次の英文を書きなさい。

(1) If this ring is not expensive, I will buy it. （仮定法の文に）

_____

(2) If she can sing better, she will become more popular. （仮定法の文に）

_____

(3) I don't have a brother. （「兄弟がいればいいのに」という意味の文に）

_____

(4) He will not listen to me. （「彼が私の話を聞いてくれたらいいのに」という意味の文に）

_____

(5) He looks like an actor. （as ifを使った仮定法の文に）

_____

4 次の英文を日本語になおしなさい。

(1) If I had more time, I could read many books.

_____

(2) If the world ended tomorrow, what would you do today?

_____

(3) I wish I could play the piano as well as her.

_____

(4) I wish it wouldn't be so cold today.

_____

(5) He is throwing a ball as if he were a baseball player.

_____

5 正しい英文になるように，[   ]内の語句を並べかえなさい。ただし，使わない語がひとつあります。

(1) [didn't / If / today / have / I / don't / school], I could watch TV all day.

_____

(2) [our / win / we / joined / If / team, / he / could / joins].

_____

(3) [stopped / hope / time / I / wish].

_____

(4) [wish / the / were / my / I / station / near / is / house].

_____

(5) [if / feel / as / I / traveling / are / abroad / I / were].

_____

6 次の日本文を英語になおしなさい。

(1) もし今が夏なら，私たちは海で泳げるのに。

_____

(2) もし私があなたなら，泣くのをやめるでしょう。

_____

(3) もっと速く走れたらいいのに。

_____

(4) 彼はまるで金持ちであるかのようにお金を使います。

_____

25 前置詞の働き

💬 チェック

空欄をうめて，例文を完成させましょう。

【前置詞とは】

① 私は彼女と公園へ行きました。

I went ＿＿＿＿＿ the park ＿＿＿＿＿ her.

【前置詞の働き】

② 私は両親のために昼食を作りました。

I made lunch ＿＿＿＿＿ my parents.

> **ポイント**
>
> ### 前置詞とは
> on, in, atなど，名詞や代名詞の前に置いて使う語。
>
> ### 前置詞の働き
> 〈前置詞＋名詞 [代名詞]〉の形で，副詞や形容詞の働きをする。

💬 トライ

解答 ➡ 別冊p.14

1 日本文に合うように，＿＿＿＿＿ に適する語を書きなさい。

(1) 日曜日にユミとパーティーに来てください。

Please come ＿＿＿＿＿ the party ＿＿＿＿＿ Yumi ＿＿＿＿＿ Sunday.

(2) 私たちは最悪の事態に備えなければなりません。

We have to prepare ＿＿＿＿＿ the worst.

(3) 彼女は母親に帽子を買いました。

She bought a hat ＿＿＿＿＿ her mother.

(4) 机の中のノートは私のものです。

The notebook ＿＿＿＿＿ the desk is mine.

(5) それをあなたにあげます。

I'll give it ＿＿＿＿＿ you.

> (7) 前置詞のあとに名詞・代名詞がこない場合もあるよ。

(6) 窓際に女の子がいます。

There is a girl ＿＿＿＿＿ the window.

(7) あなたはどこの出身ですか。

Where are you ＿＿＿＿＿?

(8) 私は次の日曜日に母と買い物に行きます。

I will go shopping ＿＿＿＿＿ my mother next Sunday.

チェックの解答 ① to, with ② for

2 次の英文を，下線部を正しい前置詞になおして書きかえなさい。

(1) I'm a member <u>for</u> the soccer club.

_____

(2) School begins <u>on</u> April.

_____

(3) She is good <u>in</u> playing the piano.

_____

(4) I'm sorry <u>to</u> arriving late.

_____

3 正しい英文になるように，[　　　]内の語句を並べかえなさい。

(1) [with / your / pen / this / Write / name].

_____

(2) [this / got / seven / around / morning / I / up].

_____

(3) [lunch / shopping / How / about / after / going]?

_____

🖉 チャレンジ ·· 解答 ➡ 別冊 p.14

英文を日本語に，日本文を英語になおしなさい。

(1) A man spoke to me in English.

_____

(2) Put the cup filled with milk on the table.

_____

(3) She takes care of her dog every day.

_____

(4) 8時に駅で会いましょう。

_____

(5) あなたはだれを待っているのですか。

_____

(6) 私たちの学校へようこそ。

_____

26 前置詞の意味・用法①

チャート式シリーズ参考書 »
第9章 ③ 〜 ⑩

チェック

┌┈┈┈┐の中から前置詞を選び，例文を完成させましょう。

```
at / by / for / in / of / on / to / with
```

① 私は7時30分に起きました。

　I got up _____ seven thirty.

② 私は火曜日と木曜日にテニスの練習をします。

　I practice tennis _____ Tuesday and Thursday.

③ 彼女は2020年の6月に日本に来ました。

　She came to Japan _____ June of 2020.

④ 公園に行きましょう。

　Let's go _____ the park.

⑤ 私は1週間そこに滞在しました。

　I stayed there _____ a week.

⑥ あなたはこの花の名前を知っていますか。

　Do you know the name _____ this flower?

⑦ 私たちはその木のそばで写真を撮りました。

　We took our pictures _____ the tree.

⑧ ユミはタローといっしょに図書館へ行きました。

　Yumi went to the library _____ Taro.

ポイント

at
「〜に」（時刻），「〜のところに［で］」（場所を「点」と考える）。

by
「〜のそばに」（場所），「〜によって」（行為者），「〜までに」（期限）。

for
「〜の間」（時間などの長さ），「〜に向かって」（目的地），「〜のために」（利益）。

in
「〜に」（月・年・季節など），「〜の中に［で］」（場所を「広がり」と考える）。

of
「〜の」（所有・所属），「〜の中の［で］」（部分），「〜という」（同格）。

on
「〜に」（曜日・特定の日），「〜の上に［で］」（「表面」への接触）。

to
「〜へ［に］」（到着点），「〜まで」（時間の到着点）。

with
「〜といっしょに」（同伴），「〜で，〜を使って」（道具・手段）。

トライ

解答 ➡ 別冊p.15

1 日本文に合うように，_____ に適する語を書きなさい。

(1) 僕は8時に京都行きの電車に乗りました。

　I got _____ the train going _____ Kyoto _____ eight.

(2) 私は8歳のときに北海道に引っ越しました。

　I moved _____ Hokkaido _____ the age of eight.

(3) 私のためにスーパーに行ってください。

　Please go _____ the supermarket _____ _____.

　チェックの解答　① at　② on　③ in　④ to　⑤ for　⑥ of　⑦ by　⑧ with

2 (　　)内の指示に従って，次の英文を書きなさい。

(1) Let's begin eating breakfast. （不定詞の文に）

_____

(2) He brought me a cup of tea. （SVOの文に）

_____

(3) Are you free <u>on</u> 7 p.m. <u>in</u> Sunday? （下線部を正しい前置詞になおして）

_____

(4) Do you know the girl who has big eyes? （前置詞を使って同じような意味の文に）

_____

3 正しい英文になるように，[　　]内の語句を並べかえなさい。

(1) [at / in / the / Look / sky / the / airplane].

_____

(2) [of / front / stand / in / me / Don't].

_____

(3) [I'm / computer / to / music / my / listening / on].

_____

チャレンジ ・・ 解答 ➡ 別冊p.15

英文を日本語に，日本文を英語になおしなさい。

(1) I'll see you in a few days.

_____

(2) Most of my friends belong to the basketball club in high school.

_____

(3) Be careful not to cut your finger with a knife.

_____

(4) 私はレストランで20分間彼女を待っています。

_____

(5) 車で駅まで連れて行っていただけますか。

_____

(6) 学校の制服を着た子どもたちが公園で遊んでいます。

_____

27 前置詞の意味・用法②

チャート式シリーズ参考書 >>
第9章 ⑪〜⑱

チェック

▢▢▢ の中から前置詞を選び，例文を完成させましょう。

across / along / around / into
near / over / through / under

① ミキは学校の近くに住んでいます。
Miki lives ＿＿＿＿ her school.

② あなたはこの川を泳いで渡れますか。
Can you swim ＿＿＿＿ this river?

③ この川に沿ってまっすぐ行きなさい。
Go straight ＿＿＿＿ this river.

④ 私たちは火のまわりに座りました。
We sat ＿＿＿＿ the fire.

⑤ 私たちはそのビルの中へ入っていきました。
We went ＿＿＿＿ the building.

⑥ その鳥は窓を通って入ってきました。
The bird came in ＿＿＿＿ the window.

⑦ そのネコは椅子の下で眠っています。
The cat is sleeping ＿＿＿＿ the chair.

⑧ 私たちは今，富士山の上を飛んでいます。
We are flying ＿＿＿＿ Mt. Fuji now.

ポイント

across
「〜を横切って」，「〜の向こう側に」。

along
「〜に沿って」。

around
「〜のまわりに [を]」，「〜のあちこちに，〜じゅうに」，「〜のあたりに」。roundも同じ意味で使われる。

into
「〜の中へ」。inが中にいる (ある) 状態なのに対し，intoは外から中に向かっていくニュアンスがある。

near
「〜の近くに [で]」。nearよりbyのほうが近いニュアンスがある。

over
「〜の上に [を]，〜の上方に」，「〜をおおって」。反意語はunder。

through
「〜を通って，〜を通り抜けて」。

under
「〜の下に [を]」。

トライ

解答 ➡ 別冊p.15

1 日本文に合うように，＿＿＿＿ に適する語を書きなさい。

(1) 私の学校は駅の近くにあります。

My school is ＿＿＿＿ the station.

(2) このあたりに高校はありますか。

Is there a high school ＿＿＿＿ here?

(3) その建物の中を通り抜けてはいけません。

Don't go ＿＿＿＿ ＿＿＿＿ the building.

チェックの解答 ① near ② across ③ along ④ around ⑤ into ⑥ through ⑦ under ⑧ over

2 ( ) 内の指示に従って，次の英文を書きなさい。

(1) She came out of her room. （「彼女が私の部屋の中に入ってきた」という意味の文に）

_____

(2) Is there a shop around here?　（「この近くにお店はありますか」という意味の文に）

_____

(3) All the members of this team are over 15.　（「全員15歳未満」という意味の文に）

_____

(4) I'm running in the park.　（「公園の周りを走っている」という意味の文に）

_____

3 正しい英文になるように，[ ]内の語句を並べかえなさい。

(1) [sea / many / under / fish / There / the / are].

_____

(2) [year / went / last / Europe / He / across].

_____

(3) [driving / through / are / mountains / We / the].

_____

◆ チャレンジ ……………………………………………………………… 解答 ➡ 別冊 p.15

英文を日本語に，日本文を英語になおしなさい。

(1) He has traveled around Japan by train.　（「経験」の意味で）

_____

(2) We can see the moon over the mountain.

_____

(3) I learned a lot of things through experience.

_____

(4) 私はこの通り沿いのホテルに1週間泊まっています。

_____

(5) それらのノートを箱の中に入れなさい。

_____

(6) 川の向こう側のあの建物は何ですか。

_____

28 前置詞の意味・用法③

チェック

の中から前置詞を選び，例文を完成させましょう。

ポイント

```
about / after / against / among / as
before / between / during / from
like / since / until / without
```

① ユミは2本の木の間に座りました。

Yumi sat _____ the two trees.

② その先生は生徒たちに囲まれて立っていました。

The teacher was standing _____ his students.

③ 彼らは朝から晩まで働きました。

They worked _____ morning to night.

④ 彼女は今朝からずっと気分が悪いです。

She has been sick _____ this morning.

⑤ 5時まで彼を待ちましょう。

Let's wait for him _____ five o'clock.

⑥ 彼は休みの間ずっとそこに滞在しました。

He stayed there _____ the vacation.

⑦ 昼食の前に手を洗いなさい。

Wash your hands _____ lunch.

⑧ 私は夕食のあと，ふつうテレビを見ます。

I usually watch TV _____ dinner.

⑨ これはピカソについてのお話です。

This is a story _____ Picasso.

⑩ 私の母は看護師として働いていました。

My mother worked _____ a nurse.

⑪ 私は鳥のように飛びたいです。

I want to fly _____ a bird.

⑫ 私たちは食べものなしでは生きられません。

We can't live _____ food.

⑬ あなたはその計画に賛成ですか，反対ですか。

Are you for or _____ the plan?

ポイント

about
「～について」。

after
「～のあとに」(時間)。反意語は before。

against
「～に反対して」。反意語は for。

among
「(3つ [3人] 以上) の間に囲まれて」。

as
「～として」。

before
「～の前に」(時間)。場所についての「～の前に」は in front of。

between
「(2つ [2人] の間に」。between A and B (AとBの間に) の形で使われることが多い。

during
「～の間(ずっと)，～の間(のいつか)に」。あとには the night など「特定の期間」を表す語句がくる。

from
「～から」。場所にも時間にも使う。「～から (今までずっと)」は since。

like
「～ように [な]」。

since
「～以来ずっと」。現在完了形とともに使うことが多い。

until [till]
「～まで」「～までずっと」(継続)。by「～までに」(期限) との違いに注意。

without
「～なしに [で]」。

チェックの解答 ① between ② among ③ from ④ since ⑤ until ⑥ during ⑦ before ⑧ after ⑨ about ⑩ as ⑪ like ⑫ without ⑬ against

解答 ➡ 別冊p.15

✏️ トライ

1 (　　　)内の指示に従って，次の英文を書きなさい。

(1) Most paper is made <u>of</u> wood. （下線部を正しい前置詞になおして）

_____

(2) Lucy goes swimming every day <u>in</u> the summer. （下線部を正しい前置詞になおして）

_____

(3) He's been busy for two days. （「昨日から忙しい」という意味の文に）

_____

(4) Have dinner before taking a bath. （「お風呂に入ったあとに」という意味に変えて）

_____

2 正しい英文になるように，[　　　]内の語句を並べかえなさい。

(1) [haven't / from / I / her / yet / heard].

_____

(2) [solved / without / problems / any / I / it].　　　*solve：解決する

_____

(3) [works / a / as / My father / firefighter].

_____

✏️ チャレンジ

解答 ➡ 別冊p.15

英文を日本語に，日本文を英語になおしなさい。

(1) You should be honest like him.

_____

(2) The song is popular among young people.

_____

(3) John was against the new plan.

_____

(4) "since" と "from" の違いは何ですか。

_____

(5) この店は午後9時まで開いています。

_____

(6) 今朝からずっと雨が降っています。

_____

❶ 正しい英文になるように，[　　　]の中から適切なものを選びなさい。

(1) See you [at / in / on] Monday.

(2) The concert is going to be held [at / in / on] December.

(3) I'm coming [for / at / to] once.

(4) We've lived in Tokyo [for / since / from] 1999.

(5) Thank you [from / to / for] your help.

❷ 次の日本文の意味に合うように，＿＿＿＿＿ に適する語を入れなさい。

(1) 私は病院で医者として働いています。

I work ＿＿＿＿＿ a doctor ＿＿＿＿＿ a hospital.

(2) 博物館は9時から4時まで開いています。

The museum is open ＿＿＿＿＿ nine ＿＿＿＿＿ four.

(3) 5時までに部屋の掃除を終わらせなさい。

Finish cleaning your room ＿＿＿＿＿ five o'clock.

(4) 日本では18歳で運転できます。

＿＿＿＿＿ Japan, we can drive ＿＿＿＿＿ eighteen.

(5) ここだけの話ですよ。

It's just ＿＿＿＿＿ us.

❸ 次の英文を，正しい前置詞になおして書きかえなさい。

(1) Many things happened on 2020.

＿＿＿＿＿＿＿＿＿＿＿＿＿＿＿＿＿＿＿＿＿＿＿＿＿

(2) The girl standing among Ken and me is Yumi.

＿＿＿＿＿＿＿＿＿＿＿＿＿＿＿＿＿＿＿＿＿＿＿＿＿

(3) The sun rises from the east.

＿＿＿＿＿＿＿＿＿＿＿＿＿＿＿＿＿＿＿＿＿＿＿＿＿

(4) I'm going to be late to dinner.

＿＿＿＿＿＿＿＿＿＿＿＿＿＿＿＿＿＿＿＿＿＿＿＿＿

(5) Don't talk at me in the movie.

＿＿＿＿＿＿＿＿＿＿＿＿＿＿＿＿＿＿＿＿＿＿＿＿＿

4 次の英文を日本語になおしなさい。

(1) She looked into my bag.

_____

(2) I stayed in bed until noon.

_____

(3) I wish I could swim like dolphins.

_____

(4) A bridge was built over the river.

_____

(5) Do you know the man walking across the road?

_____

5 正しい英文になるように，[   ]内の語句を並べかえなさい。ただし，使わない語がひとつあります。

(1) [on / way / I / home / him / at /my / met].

_____

(2) [myself / me / to / you / tell / about / Let].

_____

(3) [to / of / has / She / her / after / sister / look].

_____

(4) [are / of / What / for / afraid / you]?

_____

(5) [along / I / my / among / with / classmates / get].

_____

6 次の日本文を英語になおしなさい。

(1) 私は1月1日の朝に生まれました。

_____

(2) 傘を持っていきなさい。

_____

(3) 彼はさようならを言わずに中国へ出発しました。

_____

(4) あなたは彼女の考えに賛成ですか，反対ですか。

_____

❶ 正しい英文になるように, [　　　]の中から適切なものを選びなさい。[2点×5-10点]

(1) These cars [are / do / have] made in Germany.

(2) I [went / have gone / have been] to Kyoto once.

(3) My mother makes dinner [for / to / of] us.

(4) He made me [clean / to clean / cleaning] the bathroom.

(5) You feel tired, [aren't / do / don't] you?

❷ 次の日本文の意味に合うように, _____ に適する語を入れなさい。[完答3点×5-15点]

(1) ジョンは友達が椅子を作るのを手伝いました。

John _____ his friend _____ a chair.

(2) 私たちはその知らせに驚いています。

We _____ _____ _____ the news.

(3) 彼は赤い中古車を持っています。

He has a _____ _____ car.

(4) 太陽はすでに昇っています。

The sun _____ _____ _____ .

(5) 自転車の乗り方を見せてあげましょう。

I'll show you _____ _____ _____ a bike.

❸ 次の対話文が成立するように, (　　　)内の指示に従って英文を完成させなさい。[3点×5-15点]

(1) A：_____ you visited Okinawa? （回数をたずねる文に）

B：Twice.

(2) A：_____ this song? （聞いたことがあるかをたずねる文に）

B：No, I haven't.

(3) A：_____ your cat? （呼び方をたずねる文に）

B：We call it Tama.

(4) A：She is your sister, isn't she?

B：_____ . （「いいえ, 違います」と答えて）

(5) A：Aren't you sleepy?

B：_____ . （「はい, 眠くありません」と答えて）

❹ 次の英文を日本語になおしなさい。[4点×5-20点]

(1) He's not interested in science, is he?

_____

(2) I'm proud of my daughter winning first prize in the contest.

_____

(3) It's too cold to get out of bed today.

_____

(4) Our teacher told us to solve this math problem in three minutes.

_____

(5) If I were you, I would study abroad.

_____

❺ 正しい英文になるように，[   ]内の語句を並べかえなさい。ただし，使わない語がひとつあります。[4点×5-20点]

(1) [uniform / with / look / in / school / good / You].

_____

(2) [person / the / on / that / moon / were / walked / was / He / first / the].

_____

(3) [broke / who / the / knows / door / Nobody / which].

_____

(4) [a / enough / is / to / how / car / old / drive / My brother].

_____

(5) [book / What / ever / is / read / you / have / best / never / the]?

_____

❻ 次の日本文を英語になおしなさい。[5点×4-20点]

(1) 最初は，私は英語の授業で間違えることを恐れていました。

_____

(2) 科学技術は私たちの生活を変えてきました。　*科学技術…science and technology

_____

(3) 外国の言語について学ぶことは大切だと思いませんか。

_____

(4) 私たちはあなたにベストを尽くしてほしいです。

_____

初版
第1刷 2021年4月1日 発行

●編 者
　数研出版編集部
●カバー・表紙デザイン
　有限会社アーク・ビジュアル・ワークス

発行者　星野 泰也
ISBN978-4-410-15059-3

チャート式®シリーズ　中学英語　3年　準拠ドリル

発行所　数研出版株式会社

〒101-0052 東京都千代田区神田小川町2丁目3番地3
　　　　　〔振替〕00140-4-118431
〒604-0861 京都市中京区烏丸通竹屋町上る大倉町205番地
〔電話〕代表 (075)231-0161
ホームページ　https://www.chart.co.jp
印刷　河北印刷株式会社
　　　乱丁本・落丁本はお取り替えいたします　210301

本書の一部または全部を許可なく
複写・複製することおよび本書の
解説・解答書を無断で作成するこ
とを禁じます。

答えと解説　3年

1 受け身の形と意味

トライ ➡本冊p.4

1 (1) are, used　(2) is, read, by
　(3) was, built　(4) will, be, done
　(5) is, visited, by

2 (1) She is liked by everyone.
　(2) They were invited to the party.
　(3) These bags were made in Italy.
　(4) The festival will be held
　　this spring.

3 (1) The bathroom is cleaned by him
　(2) I was taken to the hospital
　(3) The moon can be seen tonight

解説
3 (3)助動詞を含む文の受け身は〈助動詞+be+過去分詞〉の形にする。

チャレンジ ➡本冊p.5

(1) この店ではたくさんの帽子が売られています。
(2) 音楽はヤマダ先生が教えています。
(3) 手紙が彼女から送られるでしょう。
(4) English is spoken in Australia.
(5) The window was broken by him.
(6) Your camera will be found soon.

解説
(2)「ヤマダ先生に教えられています」ではなく，自然な日本語になおす。

2 受け身の疑問文・否定文

トライ ➡本冊p.6

1 (1) Is, loved, it, is
　(2) weren't, painted[drawn]
　(3) Where, was, made
　(4) won't, be, used

2 (1) Was the telephone invented
　　by Bell?
　(2) When was this temple built?
　(3) Your cat wasn't found by her.
　(4) The book can't[cannot] be borrowed.

3 (1) Is soccer played in many countries
　(2) Which box was carried by him
　(3) This record won't be broken
　　in the future

解説
3 (2)〈疑問詞+主語+be動詞+過去分詞 ～?〉の形にする。

チャレンジ ➡本冊p.7

(1) そのコンテストは先週開かれましたか。
(2) この部屋はどのくらいの頻度で掃除されていますか。
(3) 彼女はそのパーティーに招待されませんでした。
(4) Are these songs sung by children?
(5) Where were you born?
　　── I was born in Tokyo.
(6) This book isn't written in English.

解説
(2) How often は頻度をたずねるときに使う。
(4) sing の過去分詞は sung。

3 注意すべき受け身

トライ ➡本冊p.8

1 (1) are, taught　(2) is, taught
　(3) was, named　(4) What, was, named
　(5) is, known, to　(6) is, made, from

2 (1) I was shown many pictures by him.
　(2) Many pictures were shown
　　(to) me by him.
　(3) She is called Kate by everyone.
　(4) Wine is made from grapes.

3 (1) I was sent a letter by my mother
　(2) When were you told the truth by me
　(3) I am not pleased with your work

解説
2 (4)原料の質が変わる場合は，made from を使う。

くわしく! be made of と be made from の違い
················· チャート式シリーズ参考書 ≫ p.44

(1) 私は自分の将来にわくわくしています。

(2) これらの花は日本語で桜と呼ばれています。

(3) そのグラスは牛乳でいっぱいです。

(4) She wasn't given this book by him.

(5) Are you called Ken by your friends?

(6) The mountain is covered with snow.

解説

(2)「～と言われている」でもよい。

確認問題① ➡本冊p.10

❶ (1) are (2) held (3) wasn't (4) Was

❷ (1) was, written, by
　(2) will, be, opened
　(3) When, was, found
　(4) was, named (5) is, made, of

❸ (1) This comic book is loved by them.
　(2) Is English taught by Ms. White?
　(3) I was thrown a ball by him.
　(4) What is bread called
　　in Japanese?
　(5) Is he excited about
　　the new year?

❹ (1) これらのケーキは私の母が焼いたのではありません。
　(2) 夜にはたくさんの星が見えます。
　(3) この店で鉛筆は売られていますか。
　(4) この教会はいつ建てられましたか。
　(5) その公園はたくさんの人でいっぱいでした。

❺ (1) Many people were killed in
　　the war
　(2) The hotel is going to be closed
　　next month
　(3) Is this song listend to by
　　young people
　(4) How much money was lost then
　(5) The sky is covered with clouds

❻ (1) I was helped by her.
　(2) What language is spoken
　　in Brazil? —— Portuguese is.
　(3) Are you interested in Japanese
　　castles? —— No, I'm not.

(4) You'll be surprised at the fact
　[truth].

解説

❶ (4) 文末にyesterdayとあるので，過去形が入る。

❷ (5) 見た目から原料が明らかな場合はmade ofを使う。

❻ (3) be interested in ～「～に興味がある」
　(4) be surprised at ～「～に驚く」

第2章　現在完了形

❹ 「完了」を表す現在完了

トライ ➡本冊p.12

❶ (1) have, just, called
　(2) has, already, left[started]
　(3) Have, sent, yet, have
　(4) hasn't, stopped, yet

❷ (1) The game has just started.
　(2) She has already gone to bed.
　(3) Have you prepared dinner yet?
　(4) I haven't washed the dishes yet.

❸ (1) I have just taken a taxi
　(2) Has she left for school yet
　(3) I haven't received money yet

解説

❶ (2)(3)「もう」は，肯定文ではalready，疑問文ではyet
で表す。

くわしく! alreadyとyetの使い分け
.... チャート式シリーズ参考書 >> p.54

チャレンジ ➡本冊p.13

(1) 私はちょうど花を買ったところです。

(2) あなたはもう仕事を終わらせましたか。

(3) 台風は，まだ去っていません。

(4) They have already gone home.

(5) Have you taken your medicine yet?

(6) She hasn't answered my question yet.

解説

(5) yourはanyでも正解。

❺ 「経験」を表す現在完了

トライ ➡本冊p.14

❶ (1) have, read, twice

(2) has, never, been, to

2 (1) I have worn a kimono.

(2) Have they ever been to Kyoto?

(3) How many times have you skied?

(4) Jack has never played the guitar.

3 (1) I have climbed Mt. Fuji only once

(2) Have you ever written a letter in English

(3) He has never lost any games

解説

2 (1) wearの過去分詞はworn。

3 (1) onlyはonceの前に入る。

チャレンジ ➡本冊p.15

(1) 私は何回もその話を聞いたことがあります。

(2) あなたは今までにあのホテルに泊まったことがありますか。── はい。数回あります。

(3) 彼女は一度もそのルールを破ったことがありません。

(4) I have been to India before.

(5) How many times have you ridden a horse?

(6) He has never cried in front of his friends.

解説

(2) a few timesは少ない回数を表す。

(4) 「〜へ行ったことがある」は, have been to で表す。

くわしく! have been と have gone の使い分け
チャート式シリーズ参考書 ≫ p.57

6 「継続」を表す現在完了

トライ ➡本冊p.16

1 (1) has, known, since

(2) How, long, have, studied, For

(3) haven't, visited, since

2 (1) My sister has learned the piano for two years.

(2) Has he been tired since Monday?

(3) How long have you lived in Tokyo?

(4) I have not[haven't] called Mary for a long time.

3 (1) I have had a cold since yesterday

(2) Have you worked for ten years

(3) It hasn't been sunny for a week

解説

2 (3) 期間をたずねる文にするのでHow longで始める。

3 (1) have a cold「風邪をひく」

チャレンジ ➡本冊p.17

(1) 彼女は1週間入院しています。

(2) あなたは18歳のときから車を運転していますか。

(3) 私の父は先月からこのコンピュータを使っていません。

(4) He has played baseball since he was a student.

(5) How long have you been friends?

(6) I have not[haven't] eaten[had] anything since this morning.

解説

(1) be in the hospital「入院する」

7 現在完了進行形

トライ ➡本冊p.18

1 (1) have, been, reading

(2) has, been, sleeping

(3) have, been, running

(4) Have, been, working, haven't

(5) Has, been, talking, has

(6) How, long, have, been, waiting, For

(7) haven't, been, playing

2 (1) It has been snowing since yesterday.

(2) I have[I've] been watching TV for two hours.

(3) Have you been looking for the key?

(4) How long has she been making dinner?

3 (1) I've been dancing for fifty minutes

(2) What have you been doing

(3) He has been drawing a picture recently

解説

1 (6) 期間をたずねるときは,〈How long have[has] +主語 +been+ 動詞のing形 〜？〉の形にする。

3 (2) 「さっきから何をしているのですか」という意味。

3

(1) 彼女は起きてからずっと台所を掃除しています。

(2) 彼らは2時間以上一緒に歌っています。

(3) あなたは今朝からずっとテストのために勉強しているのですか。

(4) I've been doing my homework
since I got home.

(5) He has been swimming in the sea
for an[one] hour.

(6) How long have you been listening
to music today?

解説

(1) (5) He has / She has の短縮形は，He's / She's となる。

確認問題② ➡本冊p.20

❶ (1) has, just, stopped

(2) haven't, written, yet

(3) Have, ever, been, to

(4) has, never, drunk

(5) How, long, has

❷ (1) イ (2) ア (3) ウ

❸ (1) The train has just arrived
at the station.

(2) Have you ever tried soba?

(3) How long has he been a teacher?

(4) Yumi has never won the
speech contest.

(5) I have[I've] been walking
in the rain for twenty minutes.

❹ (1) 彼女はしばしばその寺を訪れたことがあります。

(2) 私は一度も学校に遅刻したことがありません。

(3) あなたは何回テレビに出たことがありますか。

(4) 昨日から風が強く吹いています。

(5) あなたは彼女への誕生日プレゼントをもう決めましたか。

❺ (1) I have been abroad twice

(2) How have you been

(3) How long have you known
each other

(4) I haven't seen you for a long time

(5) She has already paid for the ticket

❻ (1) I have been to the zoo only once.

(2) The sun has not[hasn't] risen yet.

(3) Has she lived here since
she was born?

(4) How long have you been waiting
for a bus?

解説

❷ (1)は継続，(2)は完了，(3)は経験。

❹ (3) be on TV「テレビに出る」

❺ (1) abroadは副詞なので，beenのあとにtoをつけない。
(2)「元気にしていましたか」という意味。
(4)「お久しぶりです」という意味。

第3章　不定詞を用いた文

❽ 「(人)に〜してもらいたい」などの文

1 (1) want, you, to, come

(2) tells, us, to, clean

(3) asked, her, to, call

(4) want, me, to, close

(5) told, me, not, to, go

(6) tell, him, to, come, to

2 (1) I would[I'd] like you to listen to me.

(2) He asked me to come here.

(3) Our teacher told us to stop it.

(4) I want you to make[cook] breakfast.

3 (1) We want you to be honest

(2) Don't tell me to do it now

(3) I asked him to speak more slowly

解説

2 (2) Pleaseがあるので，「頼む」という意味のaskを使う。
(3)「命令する」という意味合いがあるtellを使う。

(1) あなたの写真を撮りましょうか。

(2) だれがあなたにそのようなことをするように言ったのですか。

(3) 祖母は私に電話に出るよう頼みました。

(4) I want you to wake me up at seven.

(5) I will[am going to] tell him to do

his homework.

(6) **Did you ask her to call you later?**

解説

(3) answer the phone「電話に出る」

9 「(人) に〜させる」などの文

トライ ➡本冊p.24

1 (1) **let, me, do** (2) **let, me, use**

(3) **made, him, go** (4) **makes, me, cry**

(5) **had, my, mother, come**

(6) **had, him, help**

(7) **helped, them, clean**

(8) **heard, her, sing**

2 (1) **She made me go home.**

(2) **I had Tom wake me up.**

(3) **Don't make me laugh.**

(4) **I saw him open the door.**

3 (1) **I had him fix my car**

(2) **Let me think about it**

(3) **We helped him paint his house**

解説

2 (1) 強制的にさせるときはmakeを使う。

くわしく! letとmakeの違い…… チャート式シリーズ参考書 ≫ p.77

3 (2)「考えさせてください」という意味。

チャレンジ ➡本冊p.25

(1) 母はいつも私たちに果物を食べさせます。

(2) 彼は私にテレビゲームをさせてくれないでしょう。

(3) 私は彼女が8時に家を出るのを見ました。

(4) **Please let me know when you come to Tokyo.**

(5) **I heard my father call me.**

(6) **Can you help me make[cook] lunch?**

解説

(4) When you come to Tokyoが先でもよい。

(6) Can youの代わりにCould youやWill youでもよい。

10 how to 〜「〜のしかた」など

トライ ➡本冊p.26

1 (1) **how, to, make** (2) **what, to, say**

(3) **when, to, use** (4) **where, to, wait**

(5) **which, to, choose** (6) **which, to, go**

2 (1) **He knows when to go there.**

(2) **I don't know which ticket to buy.**

(3) **I wonder what to eat.**

(4) **Could you tell me how to use this computer?**

3 (1) **He showed us how to play the guitar**

(2) **Have you decided what kind of clothes to wear**

(3) **I'll tell you where to find beetles**

解説

1 (6) which ... to 〜「どちらの [どの] …を〜したらよいか」

2 (3)「何を食べようかな」という意味。

3 (2)「どのような服を着ていくか決めましたか」という意味。

チャレンジ ➡本冊p.27

(1) 彼は私に, より速く走る方法を教えてくれました。

(2) 京都でどこを訪れたらよいかについて話しましょう。

(3) 私はその店で何を買えばよいかを忘れました。

(4) **A bird knows how to fly.**

(5) **Do you remember how to use this old camera?**

(6) **I have not[haven't] decided yet which restaurant to have lunch at.**

解説

(4) Birds knowでもよい。

11 「〜することは…です」

トライ ➡本冊p.28

1 (1) **It, is, to, play**

(2) **It's, not, to, read**

(3) **It, is, for, to, study**

(4) **Was, it, for, to, make[cook]**

(5) It, is, of, to, say

(6) It's, to, talk　(7) It's, for, to, write

2 (1) It is fun to play tennis.

(2) It is interesting to learn about different cultures.

(3) Was it hard for them to climb this mountain?

(4) It isn't safe to swim in this river.

3 (1) It was careless of you to leave your key in the taxi

(2) It may be difficult for him to pass the test

(3) It's a good idea to go by train

解説

1 (5) 人の性質を表す形容詞の場合，〈of+人〉とする。

くわしく！ 〈It is ... of（人）to ～.〉の形
.... チャート式シリーズ参考書 》 p.84

チャレンジ ➡本冊p.29

(1) 道路で遊ぶのは危険です。

(2) 外国語を勉強することは必要ですか。

(3) 私に傘を貸してくれるとは，あなたは親切ですね。

(4) It's very important to be honest.

(5) It was not easy for me to finish this work[job].

(6) It is kind of you to carry my bag.

解説

(6) バッグを「持つ」はhaveではなくcarryを使う。

12 「…すぎて～できない」など

トライ ➡本冊p.30

1 (1) too, to　(2) too, for, to, answer

(3) too, for, to, go

(4) enough, to, ride

(5) enough, for, to, use

2 (1) It was too hot for me to sleep well.

(2) There were too many books for us to read all.

(3) She was kind enough to help me wash the dishes.

3 (1) He was too sick to come here

(2) My brother is too young to drink alcohol

(3) Nancy ran fast enough to catch the bus

解説

2 (2) tooとtoの間には〈many［much］＋名詞〉を入れることもできる。

チャレンジ ➡本冊p.31

(1) このスープは熱すぎて飲めません。

(2) 文字が小さすぎて私には読めません。

(3) この家は私の家族が住むのに十分な大きさです。

(4) I was too surprised to say anything.

(5) It's not[never] too late to study English.

(6) We practiced hard enough to win the game.

解説

(1) スープを「飲む」はeatを使う。

(4) 「できない」という否定の意味合いがあるので，somethingではなく，anythingを使う。

(5) It's never too late to ～「～するのに遅すぎるということはない」

確認問題③ ➡本冊p.32

1 (1) him　(2) know　(3) how　(4) It

2 (1) made, us, write　(2) what, to, do

(3) too, to, stand

(4) asked, me, to, clean

(5) Is, it, for, to, pass

3 (1) I told my sister to be quiet.

(2) It's easy for them to sing this song.

(3) She was polite enough to write me back at once.

(4) Can you tell me which bus to take?

(5) He was too busy to come to see me.

4 (1) 何か飲み物を買ってきましょうか。

(2) あなたのノートを私に見せてください。

(3) どこで電車を乗りかえたらよいか, 私には
わかりません。

(4) 彼女はあまりにも遅く家を出たので, 学校
に間に合いませんでした。

(5) どの大学に行くかを決めることは, 私にとっ
て難しいです。

5 (1) I'd like you to stop talking

(2) I am old enough to get married

(3) I had her bring my umbrella

(4) Could you show me how to
get there

(5) It's kind of you to invite me

6 (1) My dog always makes me smile.

(2) My mother told me to finish
my homework before dinner.

(3) Thank you for teaching me
how to dance.

(4) He speaks too fast for us
to understand.

解説

3 (1) 会話文が命令文なので, tell を使う。

(2) To sing this song is easy for them. も正解。

4 (1) 「あなたは私に何か飲み物を買ってきてほしいです
か」が直訳となる。

(3) change trains「電車を乗りかえる」

5 (5) kind の場合, 不定詞の前に〈of＋人〉を置く。

第4章　文型を作る動詞

🔢 主語（S）＋動詞（V）＋補語（C）

トライ　➡本冊 p.34

1 (1) became　(2) look　(3) looks, like

(4) feel　(5) don't, feel　(6) sounds

2 (1) He became an English teacher.

(2) What does this building
look like?

(3) I grew taller than my mother.

(4) Your idea sounds good to me.

3 (1) How beautiful she looks

(2) I felt sad to hear the news

(3) I hope you will get well soon

解説

1 (6) 「～に聞こえる」と言うときには, sound を使う。

2 (3) grow のかわりに, become や get でもよい。

チャレンジ　➡本冊 p.35

(1) 外がだんだん暗くなってきています。

(2) あなたはあなたの父親に似ています。

(3) 葉が黄色に変わり始めました。

(4) He became a popular singer.

(5) Your new hat[cap] looks very
expensive.

(6) It will become more and more
difficult to find a good job.

解説

(1) 〈比較級 and 比較級〉で「だんだん～」。

(2) 「あなたはあなたの父親のように見えます」→「あなた
はあなたの父親に似ています」。

(4) a popular singer は名詞なので, get ではなく
become を使う。

(6) more and more difficult は harder and harder
でも正解。

🔢 主語（S）＋動詞（V）＋目的語（O）＋目的語（O）

トライ　➡本冊 p.36

1 (1) give　(2) sent　(3) taught

(4) gave, to　(5) makes, for

(6) tells, that　(7) showed, that

2 (1) She gave a camera to her son.

(2) I bought DVDs for my brother.

(3) John lent my eraser to Kate.

(4) I'll tell her that I won't
go tomorrow.

3 (1) Can I ask you something

(2) He made a large desk for me

(3) She always tells us nothing
is impossible

解説

1 (5) make や buy は〈動詞＋もの＋ for ＋人〉の形を使う。

くわしく！　〈for＋人〉を使う場合
………………………… チャート式シリーズ参考書 >> p.100

2 (3) lend は〈to+人〉の形をとる。

3 (1) 「ちょっと聞いてもいい？」という意味。

チャレンジ　➡本冊 p.37

(1) 私はあなたに何もあげられません。

(2) 砂糖をとっていただけますか。

(3) 私はあなたに，このガラス［グラス］が割れにくいということをお見せしましょう。

(4) Please give it to me.

(5) I have［I've］already sent a letter to my grandfather.

(6) A man told me the way to the station.

解説

(4) 「もの」が代名詞it, themのときは，必ず〈代名詞＋to［for］＋人〉の形を使う。

(5) a letter to my grandfather はmy grandfather a letterでもよい。

(6) told me the way to the stationはtold［showed］the way to the station to meでもよい。

15 主語(S)＋動詞(V)＋目的語(O)＋補語(C)

トライ ➡本冊p.38

1 (1) call (2) named (3) What, name
　(4) made (5) What, makes (6) make
　(7) keep (8) found

2 (1) They call her May.
　(2) We named the cat Leo.
　(3) Who made you lonely?
　(4) Don't keep the door open.

3 (1) My grandfather named me Taro
　(2) What makes you so nervous
　(3) We found the movie boring

解説

1 (7) 〈keep＋O＋C〉で「OをCのままに保つ」。
　(8) 〈find＋O＋C〉で「OがCであるとわかる」。

チャレンジ ➡本冊p.39

(1) だれがあなたをトムと名づけたのですか。

(2) 彼の言葉はときどき私を怒らせます。

(3) 私たちはちょうどこの仕事が難しいとわかったところです。

(4) What do you call this fruit in Japanese?

(5) Keep your hands clean.

(6) They found their town a good place.

解説

(5) 両手なので複数形のhandsにする。

1 (1) became (2) told (3) bought, for
　(4) call

2 (1) イ (2) ウ (3) オ (4) エ (5) ア

3 (1) He became a good singer.
　(2) I feel very tired today.
　(3) I sent a letter to my aunt.
　(4) My father named me Ann.

4 (1) その医者は私にいくつか質問をしました。
　(2) いいですね。
　(3) 日がだんだん長くなってきています。
　(4) 私たちは彼をチームのキャプテンにしました。
　(5) 彼は私たちに，毎日英語を勉強することは大切だと言っています。

5 (1) Please give me another chance
　(2) Can I call you Bob
　(3) He made a chair for his daughter
　(4) I turned fifteen years old yesterday
　(5) The sweater keeps you warm

6 (1) Please call me Ken.
　(2) I became friends with her.
　(3) You look like a famous actor.
　(4) He brought me a cup of coffee.

解説

2 (1) SVOO, (2) SVOC, (3) SV, (4) SVO, (5) SVC

4 (2) 相手の提案などに同意するときに使う。
　(4) captainは1人なのでthe をつける。

5 (4) 「私は昨日15歳になりました」という意味。「～歳になる」と言うときは，turnを使うことが多い。

6 (1) Call me Ken, please.も正解。
　(4) He brought a cup of coffee to me.も正解。

第5章　いろいろな疑問文

16 間接疑問

トライ ➡本冊p.42

1 (1) who, you, are (2) what, I, said
　(3) where, he, is (4) how, old, is
　(5) how, makes［cooks］

2 (1) Do you know what this is?
　(2) I don't know when he is going

        to leave Japan.
    (3) I have no idea who stole
       my watch.
    (4) Tell me why you made her cry.
3 (1) No one knows what will
       happen next
    (2) I know how many books he has
    (3) I don't know where she has gone

【解説】

1 (5) she のあとなので makes と s をつける。

〔チャレンジ〕 ➡本冊 p.43

(1) 私はあなたが何について話しているのかわかりません。
(2) あなたは私たちがどのくらいあなたのことを好きか想像できますか。
(3) 私はだれがこの絵を描いたのか興味があります。
(4) Do you know whose hat[cap] this is?
(5) Could you tell me how far it is from here to the station?
(6) We don't know where he was born.

【解説】

(5) 距離をたずねるときは how far ～を使う。

17 否定疑問文

〔トライ〕 ➡本冊 p.44

1 (1) Aren't, Yes, am
    (2) Isn't, No, isn't
    (3) Wasn't, Yes, was
    (4) Don't, No, don't
    (5) Doesn't, Yes, does
    (6) Can't, No, can't[cannot]
2 (1) Isn't this bag new?
    (2) Doesn't he like playing soccer?
    (3) Yes, they were.
    (4) No, I can't[cannot].
3 (1) Isn't it raining there
    (2) Couldn't you catch the train
    (3) Isn't there any way of growing
       taller

【解説】

1 (3) 過去形の否定疑問文も現在形と同じように作る。

2 (3) 受け身の否定疑問文も否定の～n't を文の初めに出す。
3 (3) 「背が伸びる方法は何かありませんか」という意味。

〔チャレンジ〕 ➡本冊 p.45

(1) この映画はあなたにとっておもしろくないのですか。
(2) あなたは歩いて学校に通っていないのですか。
(3) 彼らは来週末どこへ行くかまだ決めていないのですか。
(4) Isn't he angry? —— No, he isn't.
(5) Didn't you see[meet] her yesterday?
   —— Yes, I did.
(6) Can't this bird fly?
   —— No, it can't[cannot].

【解説】

(6) 助動詞の場合も，否定の～n't を文の初めに出す。

18 付加疑問

〔トライ〕 ➡本冊 p.46

1 (1) aren't, you (2) isn't, it
    (3) don't, you (4) doesn't, she
    (5) is, it, No (6) did, you, Yes
2 (1) She was a singer, wasn't she?
    (2) You play the piano, don't you?
    (3) He shouldn't go out, should he?
    (4) Yes, they have.
3 (1) He passed the exam, didn't he
    (2) Lucy has already left home, hasn't she
    (3) You'll never forget this experience, will you

【解説】

1 (4) 動詞が looks なので，付加疑問には doesn't を使う。

くわしく！ 一般動詞の文につく付加疑問文
················ チャート式シリーズ参考書 ≫ p.118

3 (2) already があるので，肯定文のあとに付加疑問がつく形だとわかる。

〔チャレンジ〕 ➡本冊 p.47

(1) この箱は重すぎますよね。
(2) 私たちは以前会ったことがありますよね。
(3) 今日の午後は雨が降りませんよね。
(4) She is a high school student, isn't she? —— No, she isn't.

(5) **You could sleep well last night,**
   couldn't you? —— **Yes, I could.**

(6) **These cars are not sold in Japan,**
   are they? —— **No, they aren't.**

解説

(6) 文全体の主語がThese carsなので,付加疑問の主語
はtheyになる。

確認問題⑤ →本冊p.48

❶ (1) **Aren't** (2) **Don't** (3) **isn't he**
   (4) **did you** (5) **who she is**

❷ (1) **what** (2) **how, many, came**
   (3) **Wasn't, Yes, was**
   (4) **Can't, No, can't** (5) **don't, you**

❸ (1) **Do you know who ate my cake?**
   (2) **I know how long he has been**
      in Tokyo.
   (3) **Aren't you surprised?**
   (4) **It's Wednesday today, isn't it?**
   (5) **No, they didn't.**

❹ (1) 私はあなたに,なぜ私が医者になったのか
      をお話ししましょう。
   (2) あなたは今朝ここで何が起こったかを知ら
      ないのですか。
   (3) 10キロ走るのは大変ではなかったですか。
   (4) 彼は本当に野球選手のように見えますよね。
   (5) あなたはそのとき家にいなかったのですね。

❺ (1) **I know who she is waiting for**
   (2) **Can you guess where I am**
   (3) **Aren't you afraid of making**
      mistakes
   (4) **Don't you feel sad to hear the news**
   (5) **He hasn't arrived there yet, has he**

❻ (1) **Do you know what time the**
      game will start[begin]?
   (2) **Isn't he sleepy?** —— **No, he isn't.**
   (3) **It's summer in Australia now,**
      isn't it?
   (4) **You didn't help her wash the**
      dishes, did you? —— **Yes, I did.**

解説

❶ (5) 間接疑問は,〈疑問詞＋肯定文〉の語順になる。

❸ (5) 答えの内容が否定なら,Noと答える。

❺ (2)「私がどこにいるかあなたは推測できますか」
      →「私はどこにいると思いますか」。
   (5) yetがあるので,否定文につく付加疑問だとわかる。

第6章 分詞の形容詞的用法

⓳ 現在分詞の形容詞的用法

トライ →本冊p.50

❶ (1) **walking** (2) **talking** (3) **playing**
   (4) **standing** (5) **crying** (6) **drinking**
   (7) **dancing** (8) **flying**

❷ (1) **Do you know the boy throwing**
      a ball?
   (2) **The woman waving her hands**
      must be Kate.
   (3) **I forgot the name of the scientist**
      making a speech.
   (4) **Look at the singing bird.**

❸ (1) **There are people swimming**
      in the ocean
   (2) **Who is the man walking without**
      an umbrella
   (3) **How beautiful the rising sun is**

解説

❷ (4) 名詞を修飾するのはsingingの1語だけなので,
      theとbirdの間に入れる。
   くわしく！ 1語で名詞を修飾する場合
   .... チャート式シリーズ参考書 >> p.127

チャレンジ →本冊p.51

(1) 私たちはめがねをかけているあの女の人を知っ
   ています。
(2) この近くにノートを売っている店はありますか。
(3) 私は泳いでいるその男の子がだれか覚えていま
   せん。
(4) **I took pictures of children playing**
   in the park.
(5) **The man running over there is a**
   famous soccer player.
(6) **Don't wake up the sleeping baby.**

解説

(1) wear glasses「めがねをかける」

20 過去分詞の形容詞的用法

トライ ➡本冊 p.52

1 (1) taken (2) made (3) painted[drawn]
(4) spoken (5) used (6) broken
(7) given (8) stolen

2 (1) I've read novels written by Natsume Soseki.
(2) Many people invited to the party will visit the hotel tonight.
(3) I got two tickets for the concert held by him in May.
(4) There is a hidden door to enter this room.

3 (1) Let's cook these fish caught by my father
(2) These are birds seen in Japan
(3) We need to find the lost child

解説

1 (7) first name をgiven name ともいう。
2 (4) a hidden door「隠し扉」
3 (3) a lost child「迷子」。a missing child も同じ意味。

チャレンジ ➡本冊 p.53

(1) これは世界中で読まれている本です。
(2) 彼はポチという名前の犬を飼っています。
(3) 私は通りでけがをしている男の人を見ました。
(4) This is the castle built in 1600.
(5) She showed me many stamps collected by her grandfather.
(6) The ground is covered with fallen leaves.

解説

(2) called「と呼ばれる」→「という名前の」。

確認問題⑥ ➡本冊 p.54

1 (1) broken (2) playing (3) exciting
(4) used (5) running

2 (1) used (2) washing (3) sleeping

3 (1) listening (2) swimming (3) taken
(4) painted[drawn]

4 (1) The man sitting on the chair is my father.
(2) I want a car sold only in Japan.
(3) The woman carrying boxes asked me to help her.
(4) Do you know the name of the song playing on the radio?

5 (1) あなたはバスを待っているあの男の人を知っていますか。
(2) 私はフランス製のバッグを買いました。
(3) 私はあなたに，祖母が送ってくれたりんごをいくつかあげます。
(4) 雪でおおわれたその山はとても美しいです。
(5) その眠っている赤ちゃんは私の娘です。

6 (1) The girl standing over there is my sister
(2) Look at that bird flying in the sky
(3) There is a crying boy
(4) Don't open the closed door
(5) I like cookies made by my mother

7 (1) Can you see the dancing boy?
(2) The woman wearing a white hat[cap] is my aunt.
(3) These are a lot of[many] buildings built more than 100 years ago here.
(4) How many books written in English do you have?

解説

5 (2)「フランスで作られた」→「フランス製の」。

第7章 関係代名詞

21 主格の関係代名詞

トライ ➡本冊 p.56

1 (1) who (2) who, is (3) which, is
(4) which, goes (5) which, is, spoken

2 (1) I know a girl who sings very well.
(2) Those boys who were playing soccer then are my classmates.
(3) The pen which is on his desk is mine.
(4) We are staying at the hotel which

stands by the river.

3 (1) My aunt is a pianist who plays
abroad
(2) This is the song which makes
everyone happy
(3) Who is the woman that has
long hair

解説

1 先行詞が人ならwho，人以外ならwhichを使う。

3 (1) My aunt who is a pianist plays abroad. で
も正解。

チャレンジ ➡本冊p.57

(1) あなたは彼が書いた本を読んだことがありますか。
(2) 彼はこのクラスでフランス語を話せるただ一人
の生徒です。
(3) 彼女にこのコンピュータの使い方を教えること
のできる人はいますか。
(4) This is a bird which can't fly.
(5) She is a teacher who teaches English.
(6) I sometimes visit my grandmother
who lives near my house.

解説

(4)(5)(6) whichやwhoはthatでも正解。
(5) whoのあとの動詞の形は，先行詞のteacherが3人
称単数なので，これに合わせてteachesにする。

㉒ 目的格の関係代名詞

トライ ➡本冊p.58

1 (1) which[that], she, made
(2) which[that], he, took
(3) which[that], I, am, reading
(4) that, you, met[saw]
(5) that, I, know
(6) she, bought　(7) they, told, me

2 (1) This is the car which[that]
I bought last Saturday.
(2) Do you know the singer and the
song that Jane likes?
(3) The game which[that] we watched
at the stadium was exciting.
(4) He is the only person that

I told my secret.

3 (1) She is the actress that
everyone knows
(2) Science is the subject which
I'm interested in
(3) That's all I can do

解説

1 (5) 先行詞にthe onlyがある場合は，thatが好まれる。

くわしく！ 関係代名詞でthatが好まれる場合
.... チャート式シリーズ参考書 ≫ p.140

2 (2)先行詞が「人」と「人以外」両方の場合は，thatを使う。
3 (3)「私にできることはそれだけです」という意味。

チャレンジ ➡本冊p.59

(1) これは私が普段使っている辞書です。
(2) 私にできないことはありません。
(3) 彼が話していた女性をあなたは知っていますか。
(4) The country which[that] I want to
visit is France.
(5) The first thing that you should do
is to finish your homework.
(6) Do you know the song which[that]
she is listening to?

解説

(5) 先行詞にthe firstがある場合は，thatが好まれる。
(6) listeningのあとにtoをつけるのを忘れずに。

確認問題⑦ ➡本冊p.60

1 (1) who　(2) which　(3) which
(4) that　(5) that
2 (1) which, has　(2) who, is, wearing
(3) who, are, standing　(4) which, was
(5) which, was, written
3 (1) I have a computer which[that]
is made in China.
(2) He is the actor that I like
the best.
(3) The dinner which[that] we ate
at the restaurant was amazing.
(4) Can you see the girl and her cat
that are sitting on the chair?

(5) Do you remember how much the cups which[that] you bought yesterday were?

4 (1) 東京行きの電車はまだ到着していません。

(2) 本を読んでいた女の子は眠くなりました。

(3) ここから見える景色は美しいです。

(4) 私にしてほしいことは何かありますか。

(5) その店で売っている中で最も高価なものは何ですか。

5 (1) I love this watch which she gave me

(2) The person that I respect is you

(3) This is the house which they live in

(4) Didn't you hear the news which surprised us

(5) He's the last person that says such a thing

6 (1) We are looking for a person who[that] can play the piano.

(2) This is the most interesting book that I have ever read.

(3) I read the book which[that] she was interested in.

(4) Where is that CD which[that] I lent (to) you last week?

【解説】

2 which や who は that でも正解。

5 (5)「彼はそんなことを言う最後の人です」
→「彼は決してそんなことを言う人ではありません」。

6 (3) interested のあとに in をつけるのを忘れずに。

第8章 仮定法

㉓ if を使う仮定法の文

トライ →本冊 p.62

1 (1) If, is, will (2) If, had, would

(3) If, have (4) If, were, wouldn't

(5) If, could, speak, would

(6) If, had, would (7) If, knew, would

2 (1) If I were rich, I would not work.

(2) If it were not snowing, we could climb that mountain.

(3) If I had a ticket, I would go to

their concert.

(4) If he were in Tokyo now, we could meet.

3 (1) If I were a dog, I could run fast

(2) If it were Sunday today, I would sleep longer

(3) If I were free, I would help her

【解説】

1 (4) if のあとの主語が I でも，be 動詞は were を使う。

くわしく！ 仮定法の be 動詞
.... チャート式シリーズ参考書 ≫ p.149

チャレンジ →本冊 p.63

(1) もし若かったら，私は世界中を旅するのに。

(2) もしあなたがここにいたら，パーティーはもっと楽しくなるのに。

(3) もし100万円を持っていたら，何に使いますか。

(4) If it were not raining, we would go on a picnic.

(5) If I had money, I would buy a car.

(6) If you were I, what would you do?

【解説】

(2) if が文の後ろにくる場合もある。

㉔ wish を使う仮定法の文

トライ →本冊 p.64

1 (1) I, wish, were (2) I, wish, had

(3) I, wish, could, talk

(4) I, wish, could, swim

(5) as, if, were (6) as, if, knew

(7) I, wish, were

(8) I, wish, could[would], stop

2 (1) I wish I could fly.

(2) I wish I had enough time.

(3) I wish he would call me.

(4) I wish you were not leaving tomorrow.

3 (1) I wish he were my father

(2) I wish it were warm today

(3) I feel as if I could do anything

13

解説

1 (1) 仮定法のwishのあとのbe動詞はwereを使う。
3 (3)「何でもできそうな気がします」という意味。

チャレンジ ➡本冊p.65

(1) もっと背が高ければいいのに。
(2) 雨が止めばいいのに。
(3) 私は，それがまるで昨日のことのように覚えています。
(4) I wish you were here.
(5) I wish I could buy everything that I want.
(6) They look as if they were brothers.

解説

(5) 関係代名詞のthatは省略してもよい。

確認問題⑧ ➡本冊p.66

1 (1) have (2) were (3) could
   (4) studies (5) were
2 (1) If, go, will, go
   (2) If, were, would, invite
   (3) If, were, couldn't, live
   (4) I, wish, would, come
   (5) I, wish, were
3 (1) If this ring were not expensive, I would buy it.
   (2) If she could sing better, she would become more popular.
   (3) I wish I had a brother.
   (4) I wish he would listen to me.
   (5) He looks as if he were an actor.
4 (1) もしもっと時間があるなら，私はたくさん本を読めるのに。
   (2) もし明日世界が終わるなら，あなたは今日何をしますか。
   (3) 彼女と同じくらい上手にピアノを弾けたらいいのに。
   (4) 今日がそんなに寒くならなければいいのに。
   (5) 彼はまるで野球選手のようにボールを投げています。
5 (1) If I didn't have school today
   (2) If he joined our team, we could win

(3) I wish time stopped
(4) I wish my house were near the station
(5) I feel as if I were traveling abroad
6 (1) If it were summer now, we could swim in the ocean[sea].
   (2) If I were you, I would stop crying.
   (3) I wish I could run faster.
   (4) He spends money as if he were rich.

解説

1 (1)(4) 現実にありえることなので，仮定法にしない。
5 (4) my houseとthe stationは逆でも可。

第9章 前置詞

25 前置詞の働き

トライ ➡本冊p.68

1 (1) to, with, on (2) for (3) for
   (4) in (5) to (6) by (7) from (8) with
2 (1) I'm a member of the soccer club.
   (2) School begins in April.
   (3) She is good at playing the piano.
   (4) I'm sorry for arriving late.
3 (1) Write your name with this pen
   (2) I got up around seven this morning
   (3) How about going shopping after lunch

解説

1 (7) fromの目的語にあたる語は，文頭のwhere。

⌐くわしく! 前置詞の目的語 ……… チャート式シリーズ参考書 ≫ p.156

2 (3) be good at ～「～が上手だ」
3 (2) around seven「7時ごろ」

チャレンジ ➡本冊p.69

(1) 男の人が私に英語で話しかけてきました。
(2) テーブルの上に牛乳で満たしたコップを置きなさい。
(3) 彼女は毎日彼女の犬の世話をしています。
(4) Let's meet at the station at eight.
(5) Who are you waiting for?
(6) Welcome to our school.

(5) waitingのあとのforを忘れずに。

26 前置詞の意味・用法①

トライ ➡本冊p.70

1 (1) on, to, at　(2) to, at　(3) to, for, me

2 (1) Let's begin to eat breakfast.

(2) He brought a cup of tea for me.

(3) Are you free at 7 p.m. on Sunday?

(4) Do you know the girl with big eyes?

3 (1) Look at the airplane in the sky

(2) Don't stand in front of me

(3) I'm listening to music on my computer

2 (2) bringの場合, forはtoでも可。

3 (2) in front of 〜「〜の前に」

チャレンジ ➡本冊p.71

(1) 数日後に会いましょう。

(2) 私の友達の大部分が高校でバスケットボール部に所属しています。

(3) ナイフで指を切らないよう気をつけなさい。

(4) I have[I've] been waiting for her at the restaurant for twenty minutes.

(5) Could you take me to the station by car?

(6) Children in school uniforms are playing in the park.

(2) most of 〜「〜の大部分」

(6) inには「〜を身につけて」という意味もある。

27 前置詞の意味・用法②

トライ ➡本冊p.72

1 (1) near　(2) around　(3) through, in

2 (1) She came into my room.

(2) Is there a shop near here?

(3) All the members of this team are under 15.

(4) I'm running around the park.

3 (1) There are many fish under the sea

(2) He went across Europe last year

(3) We are driving through the mountains

3 (1) under the sea「海中に」

(2) go across「横断する」

チャレンジ ➡本冊p.73

(1) 彼は電車で日本中を旅したことがあります。

(2) 山の上に月が見えます。

(3) 私は経験を通して多くのことを学びました。

(4) I have[I've] been staying at a hotel along this street for a[one] week.

(5) Put those notebooks into the box.

(6) What is that building across the river?

(1) travelのあとにaroundをつけると「あちこち訪れている」, acrossをつけると「横断している」という意味になる。

28 前置詞の意味・用法③

トライ ➡本冊p.75

1 (1) Most paper is made from wood.

(2) Lucy goes swimming every day during the summer.

(3) He's been busy since yesterday.

(4) Have dinner after taking a bath.

2 (1) I haven't heard from her yet

(2) I solved it without any problems

(3) My father works as a firefighter

1 (1) 原料がイメージできない場合はfromを使う。

2 (1) hear from 〜「〜から連絡をもらう」

チャレンジ ➡本冊p.75

(1) あなたは彼のように正直であるべきです。

(2) その歌は若者の間で人気があります。

(3) ジョンは新しい計画に反対でした。

(4) What's the difference between "since" and "from"?

(5) This shop is open until [till] 9 p.m.

(6) It has been raining since this morning.

解説

(4) between A and B「AとBの間に」

確認問題⑨　→本冊p.76

❶ (1) on　(2) in　(3) at　(4) since　(5) for

❷ (1) as, at　(2) from, to　(3) by

　(4) In, at　(5) between

❸ (1) Many things happened in 2020.

　(2) The girl standing between Ken and me is Yumi.

　(3) The sun rises in the east.

　(4) I'm going to be late for dinner.

　(5) Don't talk to me during the movie.

❹ (1) 彼女は私のバッグの中をのぞきこみました。

　(2) 私は正午までベッドにいました。

　(3) イルカのように泳げたらいいのに。

　(4) 橋が川にかけられました。

　(5) 道路を歩いて渡っている男の人を知っていますか。

❺ (1) I met him on my way home

　(2) Let me tell you about myself

　(3) She has to look after her sister

　(4) What are you afraid of

　(5) I get along with my classmates

❻ (1) I was born in the morning on January first.

　(2) Take your umbrella with you.

　(3) He left for China without saying goodbye.

　(4) Are you for or against her idea?

解説

❷ (3) 期限を表すbyが入る。

❸ (3) 「太陽は東から昇る」の「から」はfromでなくinを使う。

❺ (5) get along with ～「～と仲よくやっていく」

❻ (2) with youをつけることで「（あなたといっしょに）持っていく」という意味合いになる。

入試対策テスト　→本冊p.78

❶ (1) are　(2) have been　(3) for

　(4) clean　(5) don't

❷ (1) helped, make　(2) are, surprised, at

　(3) red, used　(4) has, already, risen

　(5) how, to, ride

❸ (1) How many times have

　(2) Have you ever heard

　(3) What do you call

　(4) No, she isn't　(5) No, I'm not

❹ (1) 彼は科学に興味はないですよね。

　(2) 私はコンテストで1等賞をとった娘を誇りに思います。

　(3) 今日は寒すぎてベッドから出られません。

　(4) 先生は私たちにこの数学の問題を3分で解くように言いました。

　(5) もし私があなたなら，留学するのに。

❺ (1) You look good in school uniform

　(2) He was the first person that walked on the moon

　(3) Nobody knows who broke the door

　(4) My brother is old enough to drive a car

　(5) What is the best book you have ever read

❻ (1) At first, I was afraid of making mistakes in English class.

　(2) Science and technology has changed our lives.

　(3) Don't you think it's important to learn about foreign languages?

　(4) We want you to do your best.

解説

❸ (5) 否定疑問文では，日本語の「はい / いいえ」とは逆になる。

❻ (3) learnのあとにaboutが必要。

　(4) We hope [that] you will do your best. も正解。

┌─────────────────────────────────┐
│ **1** 49cm² **2** 20度 │
│ │
│ **3** 体積：384.78cm³, │
│ 表面積：376.52cm² │
│ │
│ **4** 408.2cm² **5** 16cm │
│ │
│ **6** 12cm │
└─────────────────────────────────┘

1 色がこい三角形の部分は，方眼1マスの半分の面積である。1マスぬりつぶされているのは40マス，半分ぬりつぶされているのは18マスある。

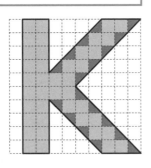

したがって，色をつけた部分の面積は，

$$40 + 18 \div 2 = 49 (cm^2)$$ より，**49cm²**。

2 左側の三角形の残りの角の大きさは，

$$180° - 70° - 30°$$
$$= 80°$$

対頂角は等しいので，

$$180° - 80° - 80° = 20°$$

よって，角xの大きさは**20度**。

3 体積は，

$$3 \times 3 \times 3.14 \times 3 + 10 \times 10 \times 3$$
$$= 384.78 (cm^3)$$

表面積は，円柱と直方体の表面積の和から，重なる面の円2つ分の面積をひいたものである。

円柱の円周の長さは，

$$3 \times 2 \times 3.14 = 18.84 (cm)$$

円柱の表面積は，

$$3 \times 3 \times 3.14 \times 2 + 18.84 \times 3$$
$$= 113.04 (cm^2)$$

直方体の表面積は，

$$10 \times 10 \times 2 + 3 \times 10 \times 4 = 320 (cm^2)$$

よって，求める表面積は，

$$113.04 + 320 - 3 \times 3 \times 3.14 \times 2$$
$$= 376.52 (cm^2)$$

したがって，体積は**384.78cm³**，表面積は**376.52cm²**。

4 1回転してできる立体は図のような円柱になる。

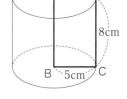

底面積2つ分は，

$$5 \times 5 \times 3.14 \times 2$$
$$= 157 (cm^2)$$

側面積は，

$$5 \times 2 \times 3.14 \times 8 = 251.2 (cm^2)$$

表面積は，

$$157 + 251.2 = 408.2 (cm^2)$$

よって，**408.2cm²**。

5 図1の水の量は，

$$15 \times 20 \times 12 = 3600 (cm^3)$$

図2は底面が$30 \times \square \div 2 (cm^2)$，高さが15cmの三角柱になる。この体積が3600cm³であるから，

$$30 \times \square \div 2 \times 15 = 3600 \quad \square = 16$$

よって，**16cm**。

6 まず図1の仕切りよりも右側に水が入り，次に左側に水が流れこむ。仕切りよりも左側に水が入っているあいだは，図2のグラフの高さが変わらない。

容器の容積は，

$$15 \times 40 \times 30 = 18000 (cm^3)$$

これが60分でいっぱいになるので，1分間に入る水の量は，

$$18000 \div 60 = 300 (cm^3)$$

グラフより，24分間で，仕切りの左右両側に，仕切りと同じ高さまで水が入る。24分間で入る水の量は，

$$300 \times 24 = 7200 (cm^3)$$

容器の底面積は，$15 \times 40 = 600 (cm^2)$なので，仕切りの高さは，

$$7200 \div 600 = 12 (cm)$$

よって，**12cm**。

※解答・解説は編集部が作成したものです。
15470 答

したがって，高さは，

$$180 \div 36 = 5 \text{(cm)}$$

よって，<u>5cm</u>。

総合テスト ❷

<table>
<tr><td rowspan="3">答え</td><td>① 15度</td><td>② 48度</td></tr>
<tr><td>③ 25.12cm²</td><td>④ 36.56cm²</td></tr>
<tr><td>⑤ 20.43cm³</td><td>⑥ 23本目</td></tr>
</table>

① 三角形ABCは正三角形なので，角Bは60°である。

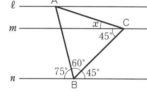

したがって，図のように角Bの右側の角の大きさは，

$$180° - 75° - 60° = 45°$$

平行な線のさっ角の大きさは等しいので，角Cは

$$x + 45° = 60°$$

よって角 x は<u>15度</u>。

② 正五角形の1つの内角の大きさは108°，正三角形は60°である。

対頂角は等しいので，左下の三角形の内角と外角の関係より，

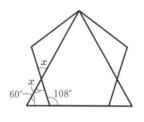

$$x = 108° - 60° = 48°$$

よって，角 x の大きさは<u>48度</u>。

③ 正方形の一辺の長さを□cmとおくと，正方形の面積は□×□(cm²)となる。

また，正方形の面積は，

$$8 \times 8 \div 2 = 32 \text{(cm}^2)$$

より，□×□=32(cm²)とわかる。

円の半径は，$□ \times \frac{1}{2}$ (cm)より，円の面積を求める式は，

$$\left(□ \times \frac{1}{2}\right) \times \left(□ \times \frac{1}{2}\right) \times 3.14$$

$$= \frac{1}{4} \times □ \times □ \times 3.14$$

□×□=32より円の面積は，

$$\frac{1}{4} \times 32 \times 3.14 = 25.12 \text{(cm}^2)$$

よって，<u>25.12cm²</u>。

④ 円が通過した部分は右の図のようになる。

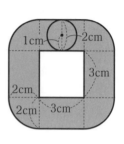

円の直径は2cmなので，図形は，縦2cm，横3cmの長方形を4つと，半径2cmの円を1つ組み合わせたものである。

したがって，求める面積は，

$$2 \times 3 \times 4 + 2 \times 2 \times 3.14$$
$$= 24 + 12.56$$
$$= 36.56 \text{(cm}^2)$$

よって，<u>36.56cm²</u>。

⑤ くりぬく前の立方体の体積は27cm³である。

くりぬく部分は図のようになる。

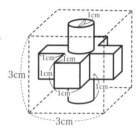

円柱になっている部分の体積は，

$$\frac{1}{2} \times \frac{1}{2} \times 3.14 \times 1 \times 2 = 1.57 \text{(cm}^3)$$

十字形になっている部分は，一辺が1cmの立方体5つ分なので，5cm³である。

したがって，残った立体の体積は，

$$27 - 1.57 - 5 = 20.43 \text{(cm}^3)$$

よって，<u>20.43cm³</u>。

⑥ 図1でまだ水が入っていない部分の容積は，

$$15 \times 20 \times (30 - 12) = 5400 \text{(cm}^3)$$

図2の直方体の体積は，

$$4 \times 2 \times 30 = 240 \text{(cm}^3)$$

$5400 \div 240 = 22.5$ より，<u>23本目</u>を入れたときに水があふれる。

求める式は,

$$\square \times \left(\frac{1}{2} \times \square \right) \div 2 = 4 \times 4 \div 2 = 8 \,(\mathrm{cm}^2)$$

したがって, $\square \times \square = 32$ となるので, かげをつけたおうぎ形の面積は,

$$32 \times 3.14 \times \frac{135°}{360°} = 37.68 \,(\mathrm{cm}^2)$$

より, <u>37.68cm²</u>。

3 図1のように, 点F, Gとおく。Eは辺BCの中点より,

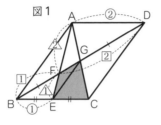

図1

$$AD : BE$$
$$= 2 : 1$$

これより,

$$AF : FE = DF : FB = 2 : 1$$

また, $DG : GB = 1 : 1$ なので, 比をそろえると,

$$DG : GF : FB = 3 : 1 : 2$$

である。したがって, 補助線EGを引くと, 三角形BFEと三角形FEGの面積比は2：1になる。

また, 三角形BEGと三角形CEGの面積は等しいので, 図2のように, 三角形FEGの面積を1とすると, 三角形CEGの面積は, 2＋1＝3, 四角形CEFGの面積は, 3＋1＝4となる。また, 平行四辺形全体の面積は,

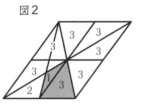

図2

$$3 \times 8 = 24$$

よって, ぬりつぶした部分の面積は, 全体の $\frac{4}{24} = \frac{1}{6}$ より, <u>$\frac{1}{6}$倍</u>。

4

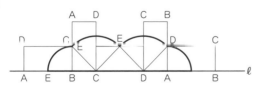

この図形は, 大きいおうぎ形を2つ, 小さいおうぎ形を2つ, 大きい直角二等辺三角形を1つ, 小さい直角二等辺三角形を2つ合わせたものである。

小さいおうぎ形2つの面積は,

$$1 \times 1 \times 3.14 \times \frac{90°}{360°} \times 2 = 1.57 \,(\mathrm{cm}^2)$$

一辺1cmの正方形の対角線を□cmとすると, 大きいおうぎ形の半径は□cm, 面積を求める式は,

$$\square \times \square \times 3.14 \times \frac{90°}{360°}$$ である。

正方形の面積は, $\square \times \square \div 2 = 1 \,(\mathrm{cm}^2)$ であるから,

$$\square \times \square = 2$$

したがって, 大きいおうぎ形2つの面積は,

$$\square \times \square \times 3.14 \times \frac{90°}{360°} \times 2$$
$$= 2 \times 3.14 \times \frac{90°}{360°} \times 2$$
$$= 3.14 \,(\mathrm{cm}^2)$$

三角形の面積の合計は, 長方形ABCDの面積と等しくなるので2cm²である。

求める面積は,

$$1.57 + 3.14 + 2 = 6.71 \,(\mathrm{cm}^2)$$

よって, <u>6.71cm²</u>。

5 三角柱をくりぬく前の直方体の体積は,

$$6 \times 8 \times 6 = 288 \,(\mathrm{cm}^3)$$

くりぬいた三角柱の体積は,

$$(6 - 2) \times 3 \div 2 \times 4 = 24 \,(\mathrm{cm}^3)$$

求める体積は,

$$288 - 24 = 264 \,(\mathrm{cm}^3)$$

よって, <u>264cm³</u>。

6 図のように点G, H, P, Qとおく。三角形ABCは直角二等辺三角形なので,

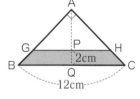

$$AQ = 6 \,(\mathrm{cm}),$$
$$AP = 6 - 2 = 4 \,(\mathrm{cm})$$
$$BC : GH = AQ : AP = 6 : 4 = 3 : 2$$

よって,

$$GH = 12 \times \frac{2}{3} = 8 \,(\mathrm{cm})$$

水の量は,

$$(8 + 12) \times 2 \div 2 \times 9 = 180 \,(\mathrm{cm}^3)$$

三角形ABCを底面としたとき, 三角形ABCの面積は,

$$12 \times 6 \div 2 = 36 \,(\mathrm{cm}^2)$$

のでこれでは立体はつくれない。よって，5つまで集めて立体をつくることができる。

(2) 説明：(例) 正方形の1つの角度は90度で，3つ集めると270度なので，立体をつくることができる。4つ集めると360度なので，これでは立体はつくれない。よって，3つまで集めて立体をつくることができる。

立体の名前：立方体(正六面体)

(3) 面の数：12

説明：(例) 正六角形の1つの角度は120度で，3つ集めると360度なので，これでは立体はつくれない。

(1) 図形を集めて立体をつくるとき，図形を3つ以上使うことと，頂点の合わせた角度が360°未満であることが条件となる。条件にそって順序立てて説明すればよい。

(2) (1)の立体ができる条件を満たすのは，正方形を3つ集めたときのみである。1つの頂点に正方形が3つある立体は立方体である。

(3) 正五角形の1つの角度は108°であり，3つ集めると324°なので立体をつくることができるが，4つ以上集めると360°をこえてしまうため，立体をつくれるのは1つの頂点に集めることができる面の数が3のときのみである。

問題文より，「頂点の数」+「面の数」-「辺の数」＝2が成り立つ。

「頂点の数」=「正五角形の頂点の数」×「面の数」÷「1つの頂点に集まっている面の数」，「辺の数」=「正五角形の辺の数」×「面の数」÷2という条件がわかっている。今は面の数がわからないので，「面の数」=□とおく。

各式にわかっている数字をあてはめると，

「頂点の数」= 5×□÷3

「辺の数」= 5×□÷2

となるので，これを「頂点の数」+「面の数」-「辺の

数」=2にあてはめると，

$$5 \times □ \div 3 + □ - (5 \times □ \div 2) = 2$$

よって，□＝12より，正五角形の面の数は12。

また，正六角形で立体をつくるとき，(1)の立体ができる条件にそって考えると，3つ集めると360°になってしまうため，立体はできない。

総合テスト ❶

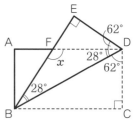

❶ 124度	❷ 37.68cm²
❸ $\frac{1}{6}$倍	❹ 6.71cm²
❺ 264cm³	❻ 5cm

❶ 三角形BCDと三角形BEDは合同なので，角BDCと角BDEの大きさは等しく62°である。また折り返す前の図形は長方形なので，角BEDは90°である。

よって角EBDの大きさは，

$$180° - (62° + 90°) = 28°,$$

角BDFの大きさは，

$$90° - 62° = 28° より，$$

$$x = 180° - 28° \times 2 = 124°$$

したがって，角xの大きさは124度。

❷ 三角形BOCは直角二等辺三角形なので，角BOCの大きさは45度である。よって，おうぎ形の中心角は

$$180° - 45° = 135°$$

おうぎ形の半径を□cmとする。辺BOの中点をMとすると，角CMOが90°，角BOCの大きさは45°であり，三角形CMOは直角二等辺三角形である。よって，

$$CM = \frac{1}{2} \times □$$

辺BOを底辺としたとき，三角形OBCの面積を

(2)より，石の体積を計算すると，

$$3140 - 2289.06 + 15 = 865.94 (cm^3)$$

よって，石の体積は**865.94cm³**。

2(1)　水の体積は，面Aのぬりつぶした部分が底面，

高さ10cmの三角柱の体積であるので，

$$10 \times 10 \div 2 \times 10 = 500 (cm^3)$$

したがって，水の体積は**500cm³**。

(2)　面Aの面積は，

$$10 \times 10 - 5 \times 5 = 75 (cm^2)$$

容器の面Aを底にして置いたときの水面の高

さは，(1)より，水の体積を面Aでわって求めら

れるので，

$$500 \div 75 = 6\frac{2}{3} (cm)$$

よって，水面の高さは$6\frac{2}{3}$cm。

3(1)　水面の高さは14cmなので，②の直方体に

入った水面の高さは，$14 - 10 = 4 (cm)$

②に入った水の体積は，

$$(10 + 10) \times (10 + 10) \times 4 = 1600 (cm^3)$$

単位をLになおすと，

$$1600 \div 1000 = 1.6 (L)$$

よって，②に入った水の体積は**1.6L**。

(2)　(1)より，③の直方体に入った水の体積は，

$$10 - 1.6 = 8.4 (L)$$

単位をcm³になおすと8400cm³となる。

③の直方体の縦の長さは$(A + 10 + 10)$cm，

横の長さは$10 + 10 + 10 = 30 (cm)$，高さは

10cmである。

$$A + 10 + 10 = 8400 \div (30 \times 10)$$

$$A + 20 = 28$$

$$A = 28 - 20$$

$$A = 8 (cm)$$

よって，Aの部分の長さは**8cm**。

答え	(1) ②，③，④	(2) イ，エ

(1)　エは辺CGの中点，オは辺FGの中点，カは辺

GHの中点である。これらを正しくつないでいる線

を選ぶ。図2の展開図にすべての頂点を記入して考

えると，図のようになる。

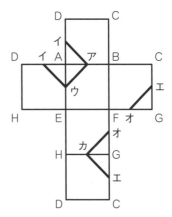

よって，正しい線は②，③，④である。

(2)　線対称な図形とは，「対称の軸」で折り返したと

きに図形がぴったりと重なる図形であり，点対称な

図形とは，「対称の中心」で180度回転させると

ぴったりもとの図形と重なるものである。

アは線対称でも点対称でもない。ウは点対称だが，

線対称ではない。線対称でも点対称でもあるのは

イ，エである。

それぞれの対称の軸，中心は次のようになる。

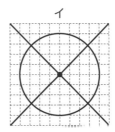
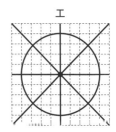

(1)　(例)正三角形の1つの角度は60度で，

5つ集めると300度なので，立体をつく

ることができる。6つ集めると360度な

44

よって，16cm。

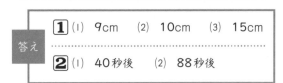

43 水の変化とグラフ（仕切りあり）

答え

1 (1) 9cm　(2) 10cm　(3) 15cm

2 (1) 40秒後　(2) 88秒後

1(1)　仕切り板の高さは，グラフの水の深さが変わらなくなるときの値に等しい。よって，9cm。

(2)　Aの部分の仕切り板の高さまで水を入れた場合の水の体積は，

$$60 \times 18 = 1080(cm^3)$$

また，Aの部分の仕切り板の高さまでの体積は，$12 \times (あ) \times 9$ で求められるので，

$$(あ) = 1080 \div (12 \times 9) = 10(cm)$$

よって，10cm。

(3)　AとBの部分の仕切り板の高さまでの時間の比は，

$$18 : (45 - 18) = 2 : 3$$

時間の比と底面積の比の関係から，Bの部分の横の長さは，

$$10 \times \frac{3}{2} = 15(cm)$$

よって，この直方体の横の長さは，

$$10 + 15 = 25(cm)$$

この水そうの深さを□cmとすると，水そうの容積は，

$$12 \times 25 \times □ で求められる。$$

水そうの容積は，満水になったときの水の体積と等しいので，

$$25 \times 12 \times □ = 60 \times 75 = 4500(cm^3)$$
$$□ = 15(cm)$$

よって，15cm。

2(1)　水そうを正面から見たとき，側面積を求めると，右の図のようになる。

側面積の比が時

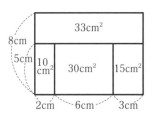

間の比と等しくなる。よって，イの部分で仕切りの高さまで水を入れるには，

$$10 \times \frac{30}{10} = 30(秒)$$

したがって，イからウに水があふれ出した時間は，

$$10 + 30 = 40(秒後)$$

よって，40秒後。

(2)　(1)の図の側面積の和は，

$$33 + 10 + 30 + 15 = 88(cm^2)$$

アの部分で仕切りまで水を入れたときにかかった時間が10秒なので，水そうがいっぱいになるときの時間を□秒とすると，

$$10 : □ = 10 : 88$$
$$□ = 88(秒後)$$

よって，88秒後。

38~43 まとめ問題

答え

1 (1) 27cm

(2) 容器3140cm³，水2289.06cm³

(3) 865.94cm³

2 (1) 500cm³　(2) $6\frac{2}{3}$cm

3 (1) 1.6L　(2) 8cm

1(1)　求める水面の高さと容器の高さの比は，水面の半径と容器の底面の半径の比と等しいので，

$$30 \times \frac{9}{10} = 27(cm)$$

よって，水面の高さは27cm。

(2)　容器の容積と水の体積は，

$$(容器の容積) = 10 \times 10 \times 3.14 \times 30 \div 3$$
$$= 3140(cm^3)$$
$$(水の体積) = 9 \times 9 \times 3.14 \times 27 \div 3$$
$$= 2289.06(cm^3)$$

よって，容器3140cm³，水2289.06cm³。

(3)　入れた石の体積は，石を入れる前の容器の水の入っていない部分の容積と，あふれた水の体積15cm³の和である。

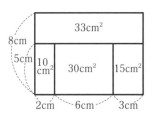

43